여럿이 한 호흡

천재 안무가가 말하는 성공하는 조직의 첫 번째 습관

트와일라 타프 지음 | 한세정 옮김

www.book21.com

날마다 나와 더 좋은 협력 관계를 만들어 가는
나의 아들 제스에게

차례

01

우리는 나보다 힘이 세다

성공적인 협력은 집단의 가장 재능 있는 사람이 혼자
성취할 수 있는 것보다 더 좋은 결과를 낸다. '우리'
안에 있을 때 인간은 세상에서 가장 강력한 힘을 발휘
한다.

나는 전 세계 무대에서 공연되는 춤을 창조하는 안무가다. 협력 전문가collaborator 또한 나를 드러내는 정확한 표현이다. 협력 전문가란 무슨 일을 하는 사람인가? 문제를 인식하고, 조직하며, 타인과 함께 협력하면서 문제를 해결하는 사람이다. 앞으로 독자들에게 전할 이야기 중 많은 부분이 무용계와 관련되지만 이 책의 핵심을 파악하기 위해 춤에 대한 지식이 필요하지는 않다. 모든 일의 원리는 다 거기서 거기이기 때문이다.

나는 협력collaboration의 의미를 '사람들이 함께 일하는 것'으로 정의한다. 협력을 할지 말지는 직접 선택할 때도 있지만, 때론 자신에게 결정권이 없을 때도 있다. 우리는 창조성을 촉발하기 위해 함께 일하기도 하고, 혹은 단순히 일처리를 위해 협력하기도 한다. 어떤 경우든 성공적인 협력은 집단의 가장 재능 있는 사람이 혼자 성취할 수 있는 것보다 더 좋은 결과를 낸다.

  나는 협력 전문가다. 협력 전문가가 하는 일이 궁금하다면 다음 이야기를 함께 살펴보자. 때는 1962년, 문제 상황은 새로 무대에 올릴 〈법정으로 가는 길에 생긴 재미있는 일들A Funny Thing Happened on the Way to the Forum〉이라는 뮤지컬, 협력자는 뒷날 나의 좋은 친구이자 동료가 된 안무가 겸 연출가 제롬 로빈슨이었다.

브로드웨이 무대에서 본격적으로 공연하기 전에 뮤지컬 순회공연을 펼쳤지만 공연을 본 어떤 관객도 웃지 않았다. 음악을 맡은 스티븐 손드하임, 베테랑 연출가 조지 애벗, 제작자 할 프린스, 그리고 연극의 후원자들 역시 마찬가지였다. 무엇보다 심각했던 것은 관객들이 웃지 않았다는 사실이다.

뉴욕 공연을 3주 앞둔 시점. 막이 올랐을 때는 관객들이 객석을 꽉 채웠으나, 막이 내려갈 때쯤에는 관객들 반쯤이 이미 공연장을 빠져나갔다.

그러나 비평가와 언론의 평은 열광적이었다.

'엄청난 성공을 기록할 작품이다. 이토록 탁월한 팀은 결코 본 적이 없다!'

그렇다면 도대체 무엇이 문제인 걸까? 답을 아는 이는 아무도 없었다. 그러나 제작진은 어떤 조치를 취해야 할지 알고 있었다.

연극 각본에 문제가 있으면 제작자는 종종 '각본 감수자'를 찾아간다. 업계에서는 그들을 컨설턴트라고 부르지만, 나는 문제를 풀기 위해 다른 이들과 함께 일하는 사람, 곧 협력자라고 부른다.

제작진이 부른 감수자는 제롬 로빈슨이었다. 당시 〈웨스트사이드 스토리〉로 아카데미상을 휩쓴 그는 로스엔젤레스에서 워싱턴으로 날아왔다. 그는 공연 중간 쉬는 시간에 이미 문제를 분석해냈을 뿐 아니라 해결책까지 제시했다.

"〈법정으로 가는 길에 생긴 재미있는 일들〉은 로마의 희곡 작가 플라우투스의 희극에서 영감을 받아 만든 풍자극입니다. 플라우투스가 살았던 시대는 기원전 254년에서 184년이죠. 지금 이 연극을 보러오는 사람들 중 그를 아는 사람이 과연 몇 명이나 될까요? 설혹 이름 정도는 들어봤다 해도 그가 어떤 작품을 썼는지 아는 사람이 있을까요? 그리고 무엇보다 이 작품이 도대체 어떤 종류의 뮤지컬인지 관객들이 알까요?"

제롬 로빈슨은 간단하고도 상식적인 조언을 했다.

"이 작품은 코미디예요. 이 사실을 사람들에게 알리세요."

손드하임은 첫 부분에 들어갈 〈코미디 투나잇Comedy Tonight〉이라는 곡을 재빨리 작곡했다.

"요절복통, 폭소만발, 모두를 위한, 코미디 투나잇!"

일단 자신이 볼 작품이 코미디라는 사실을 알자 관객들은 웃기 시작했다. 〈뉴욕타임스〉는 "대단히 자유분방한 무대"를 격려하는 논평을 실었고, 뮤지컬은 할리우드에서 영화로 각색되기 전까지 브로드웨이에서 무려 964회나 공연되었다.

사람들에게 '무엇을 기대해야 하는지' 알려주는 것은 분명 좋은 아이디어였다.

그렇다면 독자들은 이 책에서 무엇을 기대해야 할까? 이 책은 누군가와 협력해야 하는 환경에서 일할 때 드러나는 여러 문제에 관한 현장 안내서다. 이 책에서 나는 내게 있어 왜 협력이 그토록 중요한지 설명할 것이다. 장담컨대 협력은 나뿐 아니라 다른 사람들에게도 무척이나 중요하다. 또한 좋은 파트너를 식별하는 법과 성공적인 협력을 위한 방법을 제시하고, 협력을 하며 역기능의 덫에 걸렸을 때 어떤 느낌이 들었는지도 솔직하게 고백할 것이다. 마지막으로 이 책은 인간관계에 도움을 줄 것이다.

나는 아이디어보다는 이야기 자체에 더 무게를 두어 기술할 것이다. 협력은 공허한 콘셉트에 그치는 것이 아니라 현실세계, 곧 일상생활에서 발견할 수 있는 구체적인 실천이기 때문이다.

기계가 등장해 사회를 분화시키기 전까지 우리 조상 대부분은 협력을 통해 노동하는 삶을 영위해왔다.

씨앗을 뿌릴 시기가 되면 마을 사람 모두가 함께 일했다. 추수할 때도 비가 오기 전에 곡식을 거두어들이기 위해 함께 모여 노동했다. 거두어들인 곡식 역시 이웃이 힘을 합쳐 지어놓은 곳간에 저장했다.

도시의 사정도 별반 다르지 않았다. 수세대에 걸쳐 완성할 수 있는 대성당을 짓기 위해 수많은 무명의 장인들이 평생을 바쳐 일했다. 미켈란젤로는 시스티나 성당의 천장 벽화로 유명하지만, 사실 그가 한 일은 수많은 무명의 조수들을 감독한 것이다. 가장 위대한 작곡가 중 한 명인 요한 제바스티안 바흐마저도 자신에게 공을 돌리지 않았다. 그는 작곡한 모든 악보의 밑 부분에 'Soli Deo Gloria'의 머리글자인 'SDG'를 남겼다. 이는 '영광은 오직 신에게만'이라는 뜻이다.

그러나 20세기에 들어서자 상황은 변했다. 오직 소수의 고립된 집단에서만 협력의 전통이 살아남았다. 왜 그렇게 되었을까? 세계대전과 원자폭탄 혹은 프로이트 때문에? 이외에도 거론할 수 있는 이유는 많고 많다. 그리고 협력의 전통이 사라진 자리는 개인적 성취를 찬양하는 문화가 대신 차지했다. 모든 개인이 세상의 중심을 자처하고, 자신의 행복만을 찾아 나섰다. 그들은 마치 이렇게 생각하는 듯했다.

'협력? 참으로 거추장스러운 이야기가 아닌가? 인생은 단 한 번뿐. 얻을 수 있는 것이라면 무엇이든 내 손으로 움켜쥐리라!'

하지만 21세기 들어 상황은 또다시 변했다. 사람들은 측근들의 조언에만 귀를 기울이는 똑똑한 CEO와 정치인을 더 이상 롤모델로 삼지 않는다. 물론 대중매체는 여전히 그들을 사랑한다. 그러나 현실세계에서는 그들과는 다른 새로운 영웅들이 등장하고 있다. 그들은 연대를 조직하고 팀을 짜고 목표를 위해 함께 일한다. 기업도 마찬가지다. 불과 몇 년 전과 비교해봐도 엄청난 협력 시스템이 기업 내에서 운영되고 있다.

공동의 노력이야말로 이 시대의 진정한 성공 스토리다. 스포츠나 정치, 비즈니스, 사회 조직 등 모든 분야에서 말이다. 말하자면 협력은 21세기의 유행어다.

내가 학교를 다닐 때만 해노 가상 번서 손을 늘고 큰 소리로 성납을 말하는 학생만이 승자가 되었다. 학교는 가장 똑똑하고 공격적인 학생에게만 상을 주는 전쟁터였다. 하지만 지금은 협력적인 배움의 시대다. 아이들은 문제를 해결하기 위해 그룹별로 머리를 맞대어 함께 공부하면서 더 빨리 문제를 해결한다. 여기에는 승자도 패자도 없다. 이 과정을 통해 학생들은 가치 있는 삶의 기술들을 배운다.

인터넷을 생각해보라. 인터넷 덕분에 친구나 동료, 전 세계의 수많은 사람들과 의사소통하는 인간의 능력은 오늘날 극적으로 향상되었다. 이제 자본금이나 사회 기반 시설, 심지어 사무실 없이도 네트워크를 형성하여 협력을 창조할 수 있다. 그 결과 근대사의 어떤 순간보다 지금 우리는 훨씬 더 쉽게 다른 이들과 힘을 모아 일할 수 있게 되었다.

인터넷 덕분에 똑똑한 사람들이 모인 집단의 지혜가 그 집단에서 가장 머리가 좋은 한 개인의 지력보다 더 크다는 사실이 모든 학문 분야와 직업 세계, 연령과 삶의 단계에서 점점 더 당연한 것으로 인식되고 있다.

인터넷에 누군가 글을 올리면 다른 이들이 댓글을 단다. 독자들은 새로운 사실과 시각들이 더해지면서 다양한 정보와 이익을 얻고, 대화에 참여하면서 똑똑한 집단의 일원이 된다.

비즈니스에서 '크라우드소싱(한 사람이 해오던 일을 집단 전체에게 부과하는 것)'은 제품 개발 단계의 강력한 도구가 되었다.

예를 들어 델컴퓨터는 소비자들로부터 아이디어와 피드백을 얻기 위해 '아이디어 스톰'이라는 지원 활동을 조직했다. 지금까지 이를 통해 300여 건의 소비자 의견을 채택하여 델컴퓨터의 새로운 제품에 적용했다. 어둠 속에서 빛나는 키보드와 더욱 다양해진 컬러, 수명이 길어진 배터리가 그 예다.

스타벅스는 '마이 스타벅스 아이디어'라는 웹사이트를 열어 소비자들의 자유로운 의견을 모은 후 경영 과정에 이를 적용시켰고, 소비자들은 (역시 웹사이트를 통해) 그 가운데 가장 좋은 것이 무엇인지 투표했다. 지금까지 약 7만여 건의 의견이 웹사이트에 접수되었다.

지난 2008년, 버락 오바마는 민주당의 슬로건 '우리는 할 수 있습니다Yes, we can'에서 가장 강력한 낱말이 바로 '우리we'라는 사실을 입증했다.

2007년까지만 해도 대부분의 정치인들은 모금 활동을 위해서만 인터넷을 이용했다. 그러나 지역사회 지도자로 일한 경험이 있는 버락 오바마는 '소셜네트워킹'이 단지 실제로 알고 지내는 '친구들' 간의 사소하고 개인적인 의견 교환 이상을 의미한다는 사실을 잘 알고 있었다. 오바마는 단순한 관심을 참여로 바꾸는 운동을 이끌어내기 위해 웹을 이용했다.

오바마 측 사이트의 정보 소통량은 적수 존 맥케인의 갑절이었다. 유튜브 비디오 조회 수는 네 배나 앞섰다. 페이스북 '친구' 수는 다섯 배가 많았다. 300만 명의 사람들이 오바마의 문자메시지를 받는 데 동의했으며, 오바마는 그들에게 한 달에 15건에서 20여 건의 메시지를 보냈다. 선거를 앞둔 마지막 4일 동안 오바마 진영의 자원봉사자들은 지인들에게 각각 300여 통의 전화를 걸어 지지를 호소했다.

전문가들은 이렇게 말한다.

"지금껏 엄청난 선거 자금을 확보했던 그 어떤 선거 캠페인도 오바마처럼 알찬 콘텐츠를 보유하지는 못했습니다."

오바마 측 인터넷 팀의 핵심 직원은 열한 명에 불과했다.

"나머지 일들은 모두 열성적인 지지자들이 해냈습니다. 그들은 날마다 사용하는 기기들을 이용해 공동의 목적을 위한 개인 네트워크를 규합했습니다."

스포츠에서 가장 중요한 것은 팀워크다.

마이클 조던은 1986년에 처음으로 최다 결승점winning scoring을 기록한 선수가 되었다. 그러나 조던의 소속팀 시카고 불스는 우승하지 못했다. 감독 필 잭슨은 이유를 알고 있었다.

"득점왕이 우승을 보장하지는 않아요."

다음해 뛰어난 선수 몇 명을 더 영입했지만 결과는 마찬가지였다. 마이클 조던 역시 재능에 비해 제 실력을 발휘하지 못했다. 마침내 1991년, 시카고 불스는 최초로 우승컵을 안았고 조던은 최우수선수로 선정됐다. 우승을 결정지은 경기에서 무려 30득점을 올렸고 열 개의 어시스트를 기록했기 때문이다.

이 책을 읽는 대부분의 사람이 프로 농구선수나 정치인, 인터넷 뉴스 사이트의 운영자, 혹은 하이테크 기업 경영자나 교육정책가는 아닐 것이다. 하지만 지난 수년 동안 한 번쯤 다음과 같은 이야기를 들어보았을 것이다.

"이제 거의 모든 분야에서 협력이 이루어지고 있으며, 개인은 협력이 과연 자신에게 어떤 의미를 갖는지 궁금해한다."

만약 함께 일할 사람을 직접 선택할 수 없거나 비협조적인 상사와 일해야 하는 경우라면 더더욱 그렇다.

"난 도무지 답이 안 나오는 사람들과 팀을 이루어 일해야만 한다. 그렇다고 직장을 때려치울 수도 없다. 월급과 4대보험이 필요하기 때문이다. 어떻게 하면 동료들과 잘 어울려 좋은 성과를 내고 발전할 수 있을까?"

이 질문에 대한 답은 최고의 스포츠 선수나 천재 과학자들, 그리고 새로운 발레 리허설에 임하는 무용수가 생각하는 것과 별반 다르지 않다.

각자는 별 볼 일 없는 존재일지도 모른다. 때로는 문제도 일으킨다. 그러나(이 '그러나'는 대단히 강조돼야 한다) 협력을 통해 참여하는 사람들은 개인 특성만을 고집하는 이들보다 더 좋은 성과를 낸다.

위급한 상황에서 뉴욕 허드슨 강에 기적적으로 비행기를 착륙해 영웅이 된 한 기장의 이야기를 해보자.

이륙한 지 얼마 되지 않아 거위 떼가 비행기 엔진 속으로 들어가 말썽을 일으킨 위급한 상황이 발생했지만, 찰스 슐렌버거는 155명의 승객과 승무원들을 이끌고 안전하게 강물 위에 착륙했다.

몇 달 후, 단 한 명의 피해자도 발생하지 않을 수 있었던 이유를 설명하는 자리에서 기장은 이런 질문을 받았다.

"이번 경우는 지금까지 일어난 비슷한 사건들과 매우 다른 결과를 낳았습니다. 그럴 수 있었던 가장 결정적인 차이점은 무엇이었습니까? 그토록 성공적으로 상황을 이끌 수 있었던 요인이 궁금합니다."

슐렌버거는 이렇게 답했다.

"한 가지 요인만을 꼽기는 힘듭니다. 잘 훈련되고 풍부한 경험을 지닌 승무원들이 지혜를 발휘했거든요. 나는 위급한 문제들 해결을 위해 부조종사인 제프리 스카일을 비롯한 다른 모든 직원들과 함께 힘을 모았습니다."

기장의 답변에 드러난 핵심 낱말은 이런 것들이다. '경험', '승무원들', '함께'. 그의 답변은 대단히 명확하다. 매스컴의 관심을 한몸에 받는 국민적 영웅이 되었지만, 슐렌버거는 그 공을 숙련된 집단의 협력이 낳은 결과로 돌렸다.

하지만 사람들을 억지로 협력하게 할 수는 없다. 한 사무실을 쓰고 같은 조직에서 일하게 할 수는 있지만 그 안에 마음이 담기지 않는다면 모든 과정은 빈껍데기에 불과하다. 개인적이며 감정적인 참여야말로 협력의 핵심 요소다.

협력은 태어나는 게 아니라 만들어지는 것이다. 좀 더

정확히 말해 연습과 관심, 훈련, 열정과 헌신, 그리고 무엇보다 습관을 통해 서서히 건설된다.

　몇 해 전 집필한 《천재들의 창조적 습관》은 날마다 실천하는 나만의 의식을 소개하면서 시작된다. 나는 새벽 5시 30분에 일어나 택시를 타고 시내에 위치한 체육관에 간다. 두 시간 동안 스트레칭과 웨이트트레이닝을 한 후에야 나는 무용가가 될 준비를 마친다.

　이 부분을 읽은 몇몇 사람들은 충격을 받았다고 한다. 사람들은 창조적인 습관이 말 그대로 무언가를 창조하는 일과 직접적으로 관련된다고 믿고 싶어 한다. 예컨대 안무를 짠다거나 음악을 작곡하고 소설을 쓰거나 그림을 그리고 성공적인 사업을 일궈내는 것 말이다. 그러나 독자의 바람과 달리 나는 춤과 글, 그림이 나오기 전에 먼저 해야 할 온갖 일들에 관해 썼다. 즉 창조의 준비 과정을 이야기했다. 창조란 고상하고 고귀한 과정이 아니라 때 묻고 더러운 작업이기 때문이다. 그야말로 고되기 짝이 없는 육체 노동이다. 육체 노동자들은 잘 알 테지만 작업이 일상적으로 느껴질수록 결과물은 더 좋아진다.

　이는 창조성에 대한 극단적으로 낭만적이지 못한 시각이다. 영화 〈아마데우스〉를 감독한 내 친구이자 협력자인 밀로스 포만은 모차르트를 역사상 가장 위대한 신동으로 묘사했다. 감독은 모차르트가 어떤 과정을 거쳐 지금 우리가 알고 있는 모차르트가 되었는지 보여주지 않았다. 그런 이유 때문인지 어떤 관객들은 〈아마데우스〉를 그리 좋아하지 않았다.

사실 모차르트는 '천재'로 태어나지 않았다. 실제로 모차르트는 자식의 재능을 일찍 발견한 아버지가 시킨 고된 연습 덕분에 위대한 음악가가 될 수 있었다. 스물여덟 살 때, 모차르트의 양손은 기형이 된다. 너무나 많은 시간 동안 연습하고 연주하고 작곡했기 때문이다.

창의성과 마찬가지로 협력 역시 습관이다. 그 습관을 계발하길 바란다. 처음에는 개인의 발전보다 협력적인 프로젝트에 더 신경을 쓰는 것이 부자연스럽게 느껴질지도 모른다. 하지만 일단 그 감정을 극복하면 제 궤도에 오른 것이다. 상대방이 나보다 똑똑하다면? 더 심한 일벌레라면? 머리 회전이 빠르다면? 상상력이 풍부하다면? 협력은 테니스 경기와 같다. 나보다 잘하는 사람과 시합을 펼칠 때 비로소 실력이 향상된다.

따라서 가능하다면 똑똑하고 배려할 줄 아는 사람 곁으로 가라. 그들을 관찰하고 그들에게서 배워라. 그러면 훨씬 더 쉽게 일할 수 있을 것이며, 새로운 선택과 사고방식을 발견하기 시작할 것이다.

협력은 다른 사람들과 조화롭게 일하는 방식을 연습하는 것이다. 협력은 근본적으로 관계에 기반한 것이다. 따라서 협력은 '더 나은 인간관계에 대한 진지한 고민'과 함께 시작된다.

그리고 만약 지금껏 인간관계에 문제가 있었다면 그 원인은 다름 아닌 자신에게 있을 가능성이 크다. 승려 틱낫한은 그 이유를 이렇게 설명한다.

"사람들은 자신을 맨 앞에 내세우는 듯하지만 실제로는 스스로를 충분히 사랑하지 않는다."

틱낫한은 그러면서 부처의 말을 인용한다.

"자기 자신을 사랑하는 일이 얼마나 중요한 일인지 깨닫는 순간 다른 사람을 괴롭히는 일을 멈출 것이다."

그렇다면 어떻게 해야 스스로를 더 사랑할 수 있을까?

틧낙한은 이렇게 말한다.

"스스로를 적처럼 대하지 마라."

자아존중감을 가져라. 자신의 단점은 잊어버리고(모든 인간에게는 단점이 있다) 자신에 대한 일반적인 감정 자체만을 찬찬히 살펴보라. 당신은 친구나 친척, 애인에 대해 관대하며 열정적인 감정을 지니고 있는가? 자신에게 너무나 '정직'한 나머지 다른 사람들과 거리를 두는가? 집단에서 다른 사람들과 정보를 공유하는가? 문제들을 열린 마음으로 직면하는가? 사명을 지지하는가?

인간은 누구나 자신보다 더 큰 무언가의 일부가 되고 싶어 한다. 동시에 모든 인간은 유일한 존재다. 당신은 기꺼이 팀의 일원이 되고자 하는가? 아니면 다른 사람들을 단지 자신의 성취를 위한 디딤돌이나 도구로 생각하는가?

만약 사람들을 좋아하지 않고 단체 활동의 성과나 의미를 믿지 않는다면 협력적인 환경에서 곤란을 겪을 수 있다. 그러나 태도를 바꾼다면 사람들의 반응도 달라질 것이다.

40년 동안 나는 수천 명의 무용가와 백여 개의 회사들과 함께 일했다. 특히 2008년은 무척이나 바쁜 해였다(나는 이 시기의 경험을 이 책에서 자주 언급할 것이다). 당시 나는 네 명의 작곡가와 일하면서, 세 군데의 다른 회사와 네 개의 작품을 만들었다. 그 과정에서 공동의 성취가 가져다주는 짜릿함을 경험했고, 집단의 노력이 작용할 때 어떤 일이 일어나는지 목격했다. 안무가로서 내 삶은 협력의 연속이었으며, 앞으로도 그럴 것이다.

나는 변호사와 디자이너, 작곡가, 발레를 후원하는 회사들, 회사에 속한 기획자들, 그리고 무엇보다 관객과 함께 일했다. 막이 오르면 나는 이렇게 기도한다.

"객석에 앉은 모든 이들이 공연을 통해 환상의 세계를 발견하기를……"

그러나 각고의 노력이 깃든 공연은 환상의 세계가 아닌, 견고하고 현실적이며 고된 협력적 노력의 결과다.

무용수들이 협력하는 과정은 우리가 생각하는 것과 많이 다르다. 문서 작업은 전혀 없으며 말도 거의 하지 않는다. 무용수들과 일하는 시간에 내 연습실에 한번 와보라. 우리는 오직 춤만 춘다. 나는 말하지 않는 대신 보여준다. 그러면 무용수들 역시 아무 말 없이 동작으로 답한다. 뭔가 잘되지 않으면 다시 시도하고, 자세히 보고 동작을 수정한다. 무용수들은 영리하고 빠르며 실체적이다. 다른 모든 분야의 똑똑하고 지적인 사람들처럼 그들 역시 실제 예를 통해 가장 잘 배운다. 아마 당신도 마찬가지일 것이다.

　세상에는 당신의 재능과 에너지를 필요로 하는 사람과 단체가 기다리고 있다. 자, 이제 시작해보자.

큰 숲이 되려거든 함께 서라_ 마이크 슈셉스키

> 높은 목표를 세워라.
> 모든 것 그리고 모든 사람이 중요하다.
> 규칙은 되도록 만들지 않는다.
> 일을 제대로 해나가고 있다면 결과는 스스로 드러날 것이다.

마이크 슈셉스키 감독은 듀크대학교 농구 팀을 맡은 28년 동안 세 번의 전국대회 우승과 열 번의 4강 진출, 열한 번의 지역대회 우승의 위업을 이뤄냈다. 수많은 감독과 CEO들은 그의 성공 비밀을 알아내기 위해 값비싼 대가도 기꺼이 치르려 할 것이다. 그러나 슈셉스키에게는 비밀이 없다. 듀크대학교의 선수들은 협력적인 농구, 즉 팀플레이를 펼칠 뿐이다.

많은 감독들이 팀플레이가 최상의 방법이라는 사실을 잘 안다. 그러나 선수들은 자신이 주인공이 되길 원한다. 슈셉스키는 한층 높은 차원에서 이 문제를 풀어나갔다.

"패스야말로 최상의 플레이다. 농구는 '연결'의 스포츠이기 때문이다. 연결이 끊어지면 의욕과 원기를 잃고 결국 경기에서 지게 된다."

선수들은 그를 신뢰하며 지시에 따랐다.

마이크 슈셉스키가 계속해서 성공하는 까닭은 협력의 교훈을 가능한 모든 방법으로 적용하기 때문이다.

슈셉스키의 코칭은 지극히 개인적이다. 어떤 선수나 팀을 지도할 때도 동일한 접근을 하지 않는다. 또한 경기에 기여한 모든 플레이를 기억하고, 각 선수들의 협력적이며 동시에 '영웅적인' 플레이를 언급한다. 개인은 팀이 칭송받을 때 칭송받는다. 개인적 성취는 팀을 약화시킨다.

규칙은 거의 만들지 않는다. 어떤 문제에 대해서든 규칙이 적을수록 좀더 개인적으로 다룰 수 있기 때문이다.

그는 듀크대학교 학생들을 '여섯 번째 선수'라고 부르며, 종종 경기 전에 직접 그들과 이야기를 나누며 응원을 부탁한다.

그리고 시즌 막바지에 이르면 반드시 한 해를 정리하고 기념한다. 마지막 경기 전에 졸업을 앞둔 선수들이 한 사람씩 호명되고 경기가 끝나면 다시 경기장에 나와 작별인사를 한다. 그런 다음에는 먹고 즐기는 파티가 열린다. 마지막으로, 졸업하는 선수들은 각각 자신의 최고 플레이가 담긴 비디오테이프를 선물로 받는다.

이 모든 요인을 갖춘다면, 누구든 공동의 목표를 향해 달리는 강력한 스포츠 팀을 꾸릴 수 있다.

"올바르게 살라. 함께 살라. 나누며 살라. 서로 이롭게 하며 살라. 다른 사람이 일을 잘하지 못하면 대신 챙겨주어라. 힘들 때는 서로 안아줘라. 실패에 좌절하고 승리에 기뻐하라. 그것이 삶이다."

간단하다. 삶의 모든 단계에서 이를 실천한다면 결과는 자연히 따라올 것이다.

02

원칙 없는 협력은 달릴 수 없다

원칙은 협력의 성공과 실패를 좌우한다. 서로 다른 사람이 만나 능력 이상의 결과물을 만들기 위해서는 서로를 '있는 그대로' 받아들여야 한다는 원칙을 잊지 말아야 한다.

협력은 언제 처음 시작되었을까? 아마도 조상들은 사냥과 채집이 결코 쉬운 일이 아니라는 사실을 발견한 이래 줄곧 협력해 왔을 것이다. 포식자들은 몸집이 컸고 인간보다 더 빨리, 오래 달렸다. 초기 인류는 짧은 시간 안에 몸집을 키우거나 우월한 생존 기술을 익힐 수 없었다. 그래서 무리를 형성하는 법을 배웠고, 무리 가운데서 안전하다고 느꼈다.

협력은 어떻게 인간의 자연스러운 본능이 되었을까? 오랫동안 우리는 이 질문을 잊고 살았다. 일상을 살아가는 대부분의 사람들에게 협력이란 학습된 습관이다. 협력 덕분에 끊임없이 자기만족을 꾀하는 자아가 균형을 잃지 않는다. 사람들은 세상에 혼자 얻을 수 있는 것보다 더 많은 기회와 지식, 위험이 있다는 사실을 알기 때문에 서로 협력한다. 공동체는 협력 덕분에 존재하며 유지된다. 협력 때문에 사람들은 자기도취에서 벗어날 수 있으며, 자신 너머의 세계로 눈을 돌리고 그 안에서 살고 있는 자신과 다른 수많은 사람들을 볼 수 있다. 협력은 사회화와 관용의 강력한 도구다.

나는 어린 시절에 협력을 배웠다. 나는 미국 중서부의 농경지에 위치한 소도시에서 태어났다. 우리 가정은 퀘이커교를 믿었다. 조부모는 척박한 땅을 일구는 다른 농부들과 함께 상부상조하며 농사를 지었다. 내가 자란 마을 공동체에서 나는 진정한 친구란 함께 고민하고 방법을 찾는 사람들임을 사뭇스럽게 배웠다.

나의 어머니 레실 타프는 자식에게 가난을 물려주지 않기 위해 온갖 노력을 기울였다. 생후 18개월부터 나는 음악을 배웠다. 절대음감을 소유한 나는 네 살 때 피아노를 배우기 시작했고, 곧 콩쿠르에 참가했다. 일곱 살 때는 나이가 갑절이나 많은 아이들을 따돌리고 우승을 차지했다. 이런 결과를 얻기 위해 나는 엄청나게 노력했다. 어머니가 엄격한 훈련을 시켰기 때문에 실력을 쌓아갈 수 있었다. 어머니 덕분에 나는 세상에 가지고 나가 다른 사람들과 함께 사용할 수 있는 기술을 익혔다.

다음은 열두 살 때의 내 일과표인데, 이걸 보면 어머니가 얼마나 철저하게 내 생활을 계획하고 관리했는지 알 수 있다.

월요일

6:00~6:15 연습복 착용

6:15~7:15 발레

7:15~8:00 바이올린

8:00~8:30 옷 입기, 방 청소, 아침식사

8:30~9:00 등교

9:00~15:00 학교 수업

15:00~15:15 바이올린 레슨 받으러 이동

15:15~16:00 바이올린 레슨

16:00~16:30 귀가, 간식, 연습복 착용

16:30~17:00 지휘

17:00~17:30 탭댄스

17:30~18:00 지휘

18:00~19:00 어린이 발레 교실

19:00~19:30 어린이 지휘 교실

19:30~20:00 어린이 탭댄스 교실

20:00~21:00 숙제, 속기

21:00~21:30 저녁식사, 취침 준비

이 책의 목적을 생각할 때, 이 일과표 가운데 가장 중요한 부분은 저녁 6시부터 8시까지의 시간이다. 이 두 시간은 나의 첫 번째 창조적 습관을 보여준다. 매일 밤 나는 무용 선생으로서 쌍둥이 남동생들을 가르치며 함께 일하는 방법을 배웠다.

쌍둥이는 자기들만의 언어로 말했다. 그들은 너무나 닮았고 행동하는 모습도 거의 똑같았기 때문에 부모님조차 잘 구분하지 못했다. 자연히 둘 사이에는 긴밀한 유대감이 형성되었다. 한편 둘은 분리된 정체성을 찾기 위해 분투했다. 두 시간 동안 그들의 움직임을 관찰하면서 나는 둘을 분리된 개인으로 구별하는 법을 배웠다. 한 명은 점프를, 다른 한 명은 턴을 좋아했다. 그 시간을 통해 쌍둥이는 춤뿐만 아니라 사기 정체성 인식에서도 향상된 모습을 보였다.

사실 쌍둥이를 가르칠 만큼 내가 춤과 지휘에 능통했던 건 아니지만, 그건 그리 중요하지 않았다. 나는 동생들에게 엄격한 반복학습을 시켜 내 앞에서 공연하도록 했다. 처음 교편을 잡기 시작한 교사들이 그렇듯이, 이 시기에 수업을 통해 더 많은 걸 배운 쪽은 동생들이 아니라 나였다.

그때 배운 것이 내 인생을 변화시켰다. 나는 다른 사람들과 함께 창조하는 작업을 진심으로 즐겼다. 특히 몸을 사용해 무언가를 만들어낼 수 있다는 사실이 나를 매혹시켰다.

일곱 살 때 우리 가족은 캘리포니아 남쪽으로 이사했는데, 1948년 당시 그곳은 문화적으로 척박했다. 하지만 어머니는 내가 들을 만한 모든 수업을 찾아다녔다. 발레, 바이올린, 독일어. 어머니는 내가 많은 것을 배우기 바랐지만 캘리포니아에는 교육기관이 거의 없었다. 게다가 어머니는 그곳 교사들의 수준에 만족하지 못했고 '더 나은' 선생을 찾아다녔다. 어머니는 내가 '최고의 교사'에게만 배우길 원했다.

나는 1년 동안 포모나대학에 다녔지만, 그곳에는 무용 수업이 많이 개설되어 있지 않았다. 그래서 뉴욕에 위치한 버나드대학으로 편입했는데, 그곳에서 다양한 무용 수업은 물론 그보다 더 큰 교육 기회를 얻게 되었다. 바로 뉴욕에 있는 여섯 개의 세계 최고 수준의 무용단이다. 어린 시절부터 어머니에게 철저한 교육을 받은 나는 의지가 강하고 결단력이 있었다. 버나드대학의 학과장실을 찾아간 나는 한 치의 망설임 없이 이렇게 선언했다.

"더 이상 학교에서 개설한 과목을 수강하지 않겠습니다. 대신 마사 그레이엄과 머스 커닝엄, 폴 테일러와 함께 일할 겁니다. 그 활동을 평가해 제게 학점을 주십시오."

그러자 학과장이 흔쾌히 답했다.

"좋습니다. 그렇게 해요."

나는 모든 자원을 총동원해 춤에 흠뻑 젖어들었다. 당시 나의 최대 관심사는 '내가 과연 어떤 무용가가 되고 싶어 하는지'를 발견하는 일이었다. 1년 동안 나는 마사 그레이엄(모던댄스의 발전에 크게 공헌한 20세기 최고의 독창적인 무용가 중 한 사람−옮긴이)과 함께 일했는데, 그녀는 당시 현대 무용계를 대표하는 원로였다.

나는 그녀가 내 멘토가 돼 줄 거라고는 결코 기대하지 않았다. 그저 관찰하고 배우기 위해 그녀의 연습실을 찾아갔을 뿐이다. 나는 요구하는 모든 동작을 보여주었고, 모든 충고들을 흡수했으며, 그녀가 다가오면 좁은 계단에서 예의 바르게 몸을 비켜섰다. 그레이엄은 늘 내게 관대했다. 누군가 내가 누구냐고 묻자 그레이엄은 이렇게 대답했다.

"그녀는 반항아예요."

연습실을 처음 찾아갔을 때, 폴 테일러(미국의 현대 무용수 겸 안무가)는 막 마사 그레이엄에게서 녹립한 상태였다.

"맨 앞에 앉아 관찰하게 해주십시오. 그런 다음 제 실력을 보여드리겠습니다."

말하자면 나는 그에게 거절할 기회조차 주지 않았다. 내 재능을 알아본 테일러는 1년 가까이 나와 함께 작업했다.

머스 커닝엄(포스트모던 댄스 무용가 겸 안무가-옮긴이)은 위대한 무용가이자 위대한 선생이었다. 그가 설립한 무용단의 멤버들 역시 숙련된 무용 선생들이었는데, 그들 중에는 나이든 이들이나 내 또래 무용수들도 있었다. 그들의 가장 위대한 특징은 고유성을 잃지 않으면서 함께 일할 수 있는 능력이었다. 무용가와 안무가로서 머스는 많은 장점을 지녔는데, 그중 한 가지는 개인적 표현에 대한 개방성이었다.

각각의 무용단은 당시 최고의 무대를 선보였다. 버나드대학을 졸업했을 때 나는 그 무용단 중 어떤 곳과도 일할 수 있었다. 하지만 난 그렇게 하지 않았다.

이유는 많았다. 그레이엄의 무용단은 매우 정치적이었다. 젊고 자신만만했던 테일러는 성격이 불같았다. 나는 무용가이자 안무가인 테일러와 일하는 걸 좋아했지만, 그곳은 내가 성장할 수 있는 곳이 아니었다. 머스의 무용단은 대단히 창의적이었지만 그의 미학이 내게는 너무 추상적이었다.

하지만 사실 이보다 더 간단한 이유가 있었다. 나는 스스로 안무를 짜 춤을 추고 무용수들을 키우고 싶었다. 이는 고집불통 이기주의자의 진술처럼 보일 수도 있다. 그러나 나는 이렇게 생각했다.

'춤은 참으로 힘든 작업이다. 춤을 통해 무언가를 이루려면 강한 헌신과 엄청난 노력이 필요하다. 내가 원하는 것과 다른 이들이 원하는 것이 다르다면, 자신만의 무용단을 꾸려 세상에 보여주는 편이 더 낫다.'

나는 여성들로만 이루어진 무용단을 조직하기로 했다.

여성들은 종종 위대한 팀을 만들어낸다. 세계 곳곳에서 역경을 이겨내고 무언가를 성취한 여성 집단에 대한 소식이 들려오곤 하는데, 나는 그런 이야기를 들을 때마다 큰 자극을 받곤 했다.

여성들의 협력이 얼마나 중요한지 보여주는 가장 극적인 예 하나를 들어보겠다. 1974년 방글라데시에 기근이 닥쳤을 때, 젊은 경제학 교수인 무하메드 유너스는 여성이야말로 가장 가난한 계층이라는 사실을 발견했다. 여성들은 하루에 고작 2센트(약 220원)를 벌었다. 정작 가난을 초래한 주체는 남성이었음에도 말이다. 여성들은 값싼 육체노동을 제외한 방글라데시의 모든 경제 시스템 자체에서 소외된 존재일 뿐이었다.

유너스는 돈을 빌려줘도 될 만한 여성들의 목록을 작성했다. 그는 주머니를 털어 마흔두 명의 여성에게 총 27달러(약 3만원)를 빌려주면서 그들에게 어떤 담보도 요구하지 않았다. 유너스는 모든 채무자가 정직하며 반드시 대출금을 갚을 것이라고 생각했다.

이것은 페미니즘이 아닌 실용적 이상주의였다.

나도 마찬가지였다. 나는 나와 비슷하면서 동시에 나와는 다른 사람들과 일하고 싶었고, 그들과 완벽히 동등한 감정을 나누길 원했다. 남자 무용수와 음악, 무대 분장 없이 말이다. 우리는 함께 춤의 세계를 탐험할 것이고 스스로를 위해 춤을 출 것이다. 춤은 우리의 신앙이었다.

명확히 진술된, 의식적으로 공유된 목적은 위대한 협력의 초석이다.

성공한 이들의 회고록을 읽어보라. 그들은 종종 젊은 시절, 돈에 쪼들리며 치열하게 일한 시간들을 '최고의 날들'이라고 묘사한다. 대부분의 경우 그 말은 사실일 것이다. 바로 그런 시간을 통해 자신만의 기회를 건설해나가기 때문이다. 그러면서 분명한 목적과 야심을 확립할수 있다.

나의 첫 번째 무용단은 특별히 똑똑하고 재능 있고 강하며, 독립적인 여성들을 선별해 조직했다. 새라 러드너, 로즈 마리 라이트, 테레사 디킨슨, 마거리 터플링, 그라시엘라 피게로아, 셀리아 라지가 그들이다.

우리는 1966년 처음 무용단을 조직하고 5년의 시간을 함께 했다. 돈도 받지 않고 말이다. 드물게 공연의 대가로 돈을 받으면 일곱 등분을 해서 나눠 가졌다.

대단히 고된 과정처럼 들리겠지만 거기에는 온전함과 진실성이 있었다. 온전히 우리 방식대로 일했고 단원들 간의 불화도 없었으며 누군가의 눈치를 볼 필요도 없었다.

당시 그토록 성공적으로 협력할 수 있었던 이유는 무엇일까? 그리고 누군가와 처음 일을 시작할 때 성공의 가능성을 최대화하려면 어떻게 해야 할까?

내가 이끌었던 무용단과 다른 실패한 집단 사이의 가장 중요한 차이점은 원칙이었다. 우리는 일과를 짜고 철저히 지켰다. 때로는 불편을 감수하며 연습 시간을 맞췄고, 항상 제때에 준비를 마쳤다.

시간을 지키기로 합의하지 않는다면 협력은 성공할 수 없다. 하지만 스케줄을 짜고 일과를 확립하면, 다시 말해 그것이 일단 습관이 되면 협력은 놀라울 정도로 효과를 발휘한다.

일상이 되면 협력은 훨씬 더 매끄럽게 진행된다.

당신은 어떻게 협력하는가?

협력은 때때로 결코 쉬운 과정이 아니다.

대단히 굳은 의지를 지니고 있다 하더라도 협력을 위한 일과표를 짜는 일은 쉽지 않을 수 있다. 사람들의 시간 감각이 제각각이기 때문이다. 각자의 우선순위는 몹시 개인적이며, 해야 할 일의 양을 가늠하는 일 또한 지극히 주관적이다.

협력 가능한 일과의 핵심은 무엇일까?

첫째, 자신이 진심으로 공동의 목적에 동의하는지부터 확인하라. 아마추어든 프로페셔널이든 마찬가지다.

성공적인 협력의 첫 번째 요구사항은 약속이다.

일본의 몇몇 기업은 린지Ringi라고 불리는 의사결정 과정을 통해 구성원에게서 완전한 약속을 이끌어낸다. 린지의 원리는 이렇다. 문서를 작성하고 논의한다. 그리고 모든 참가자가 동의할 때까지 계속 수정한다. 그런 다음 의사결정 과정의 모든 참가자들이 문서에 각자의 도장을 찍어 다시 한 번 합의된 사항에 동의한다는 사실을 확실히 한다.

자, 이것이 불필요하게 길고 시간을 낭비하는 과정이라고 생각하는가? 결코 그렇지 않다. 일단 약속이 확정되면 그 사안을 재검토하거나 재조정하지 않기 때문이다. 실행만이 남을 뿐이다.

당신과 파트너는 동등하게 서로를 신뢰할 수 있는가?

다음과 같은 역설에 대해 생각해보자.

일단 약속에 전적으로 합의했다면 자신의 사정을 들어 토를 달거나 해서는 안 된다. 이렇게 하면 일정 짜기를 협상거리로 만들어버리는 쓸데없는 대화의 수렁에 빠질 염려가 없다. 협력을 혼란에 빠뜨릴 것이 분명한 '예외적인' 일과를 덧붙여서는 안 된다.

새로운 일과를 짤 필요는 없다. 이미 당신은 어떤 일정이 필요한지 알고 있다. 종사하고 있는 업계나 활동에서 요구하는 기본적인 틀은 이미 정해져 있다. 먼저 그 틀을 사용하라. 그런 다음 필요할 때마다 수정을 가하면 된다.

시간이 흐르면 상황은 변하기 마련이다. 한 마음으로 모인 우리 무용단도 예외는 아니었다. 단원들에게는 돌봐야 할 가족이 생겼고 지불해야 할 청구서들이 쌓였다. 나는 결혼을 하고 아이를 낳았으며 이혼을 했다. 내게는 혼자 책임져야 할 아들이 생겼다. 변화가 필요했다. 아주 단순히 말해 우리는 돈을 벌어야 했다.

〈여덟 개의 젤리 롤Eight Jelly Rolls〉이라는 작품을 공연했을 때, 나는 우리의 신념과 원칙을 저버리지 않으면서 공연을 통해 수익을 올리는 길을 발견했다. 처음으로 우리는 음악과 무대의상(등이 파인 턱시도)을 사용했다. 그리고 단원들에게 이렇게 선언했다.

"자, 머리도 한껏 손질하러 갑시다!"

모범을 보이기 위해 나는 당시 뉴욕에서 최고의 주가를 올리고 있던 미닐 사순을 찾아가 파격적인 헤어스타일을 했다. 무대 화상을 둘러싸고 단원들이 입장 차이를 보였다. 나는 화장을 했고 몇몇은 하지 않았다.

우리는 원칙을 저버린 것일까? 그렇게 이야기하는 사람이 있을지도 모른다. 그때 난 이런 생각을 했다.

'나는 공연에서 역할을 맡았고, 내가 쓰고 있는 이 모든 가면들은 다른 사람들을 즐겁게 해주는 겉치장일 뿐이다.'

그것 때문에 내 기술은 희석되지 않고 우리가 보여주는 춤의 본질 또한 방해받지 않았다. 단지 관객들이 우리를 여성으로 인식할 수 있게 해줄 뿐이었다.

그러나 〈여덟 개의 젤리 롤〉이 스타일상의 변화만을 가져온 것은 아니었다. 무용단의 방향 자체가 변화되었다. 처음으로 우리는 스스로를 위해 춤추지 않았다. 우리는 새로운 협력자인 관객을 얻었다. 그리고 관객들은 격려로 화답해주었다.

우리는 마침내 마지막 장벽을 무너뜨렸다. 이제 가능한 모든 이들과 협력하게 된 것이다. 음악가, 무용수, 그리고 관객까지. 우리 앞에는 새롭고 신선한 기회가 기다리고 있었다.

나는 운이 좋았다. 조프리발레단의 단장인 밥 조프리가 자신의 발레단을 위한 안무를 맡아달라고 부탁했을 때 난 고작 서른 살, 치기 어린 건방짐이 채 가시지 않은 나이였다(서른 중반으로 접어들면서 건방짐은 곧 퉁명스러운 무덤으로 대체되었는데, 사실 둘은 겉으로 보기에 그리 다르지 않았다). 그러나 나는 그 기회를 거절할 만큼 건방지지는 않았다.

조프리의 제안은 엄청난 기회였다. 게다가 조프리는 이상적인 파트너였다. 그는 재능 있는 안무가인 동시에 숙련된 연출가였다. 그 두 가지 역할을 수행하면서도 조프리는 늘 재능 있는 신인들을 환영하고 지지해주었다.

유력자와 일하는 건 도움이 된다.

조프리가 바로 그런 경우였다. 예술가로서 경력을 쌓으면서 그는 오랫동안 후원자들과 함께 일했다. 그리고 나보다 훨씬 먼저, 성공하기 위해서는 간섭 또한 필요하다는 사실을 깨달았다. 조프리는 위원회와 다른 무용수들이 자유롭게 의견을 말하고 참견하도록 했다. 그는 공연의 성공을 원했고, 거기에 내 색깔이 덧입혀지리라는 사실 또한 알았다.

내 아이디어는 한 작품 안에 조프리와 나의 무용단 모두를 위한 세계를 창조해내는 것이었다. 나는 공연에 사용할 상징과 음악을 찾았고,

비치 보이스The Beach Boys에게서 이 둘 모두를 발견했다. 〈리틀 듀스 쿠페Little Deuce Coupe〉는 비치 보이스 최고의 히트곡 가운데 하나다. 노래에 나오는 문 두 개짜리 스포츠카는 힘을 모아 성능을 높인 업계 최고의 투 무용단(소프라노와 나)을 싱징했다.

하지만 나와 조프리의 무용단에 속한 무용수들 사이에는 공통점이 거의 없었다. 내가 이끄는 무용단은 지난 5년 동안 공원이나 체육관, 박물관 같은 곳에서만 공연했다. 전통적인 무대에는 단 한 차례도 서지 않았고 〈여덟 개의 젤리 롤〉 이전에는 커튼콜도 하지 않았다. 심지어 비오는 날 새벽 5시 30분에 한 명의 관객도 없이 공연한 적도 있었다(우리는 전혀 신경 쓰지 않고 공연에 열중했다). 무용수 중 누군가 아파도 임시 대역을 쓰지 않았기 때문에, 단 한 명이라도 아프면 안 됐다! 반면 조프리가 이끄는 무용단은 전통이 깊고 규모도 컸으며, 공식적인 성격이 강하고 무용수들은 우리보다 훨씬 더 쾌적한 환경에서 일했다.

궁극적으로 두 무용단의 협력관계에서 가장 큰 문제가 된 것은…… 바로 나였다. 1970년대 초반, 클래식 무용계에서 여성 안무가는 희귀한 존재였다. 발레계에서 남성 무용수들에게 지시를 내리는 여성은 많지 않았다(아마도 남성 무용수들의 어머니를 제외하면 말이다). 따라서 조프리의 무용단에 속한 몇몇 남성 무용수들이 내 지시에 어떻게 반응해야 할지 몰랐던 것은 당연한 일이다. 그들은 나를 이해하지 못했다. 그들 중 일부는 여성의 지시에 따를 준비가 되어 있지 않았다.

이러한 서먹서먹한 관계를 나는 어떻게 해결했을까? 작업을 처음 시작할 때 나는 이렇게 선언했다.

"나는 여러분에게 내 스타일을 강요하지 않을 것입니다. 내가 원하는 건 대비 효과입니다. 우리 각자는 지금껏 훈련하고 연습한 대로 하면 됩니다."

아마 그들은 처음에는 내 말을 믿지 않았을지도 모른다. 두 번째로 말했을 때도 회유나 책략 정도로 받아들였으리라. 그랬던 그들이 어떻게 진정으로 나를 신뢰하게 되었을까? 조프리는 이렇게 말한다.

"그럴 수밖에 없었으니까요."

만약 협력해야 할 상대의 정체성을 유지하고 싶다면 그들을 '있는 그대로' 받아들여야만 한다. 〈듀스 쿠페Deuce Coupe〉의 첫 무대는 그야말로 대단했다. 스릴 넘치는 안무와 기념비적인 평단의 반응, 우리 무용단에 쏟아진 최초의 기립박수. 객석을 가득 메운 관객들은 행복한 얼굴로 소리를 질러댔다. 그 순간 나는 이런 생각을 했다.

'지금껏 이질적이던 두 세계, 즉 현대 발레와 고전 발레를 연결한 내게 관객들이 지지를 보내주고 있어.'

고전과 현대 발레를 넘나드는 기술. 한때 그것은 이상에 불과했지만 이제 가능성이 되었다. 화려한 성공과 부는 생각만 해도 행복한 것이지만, 그보다 더 중요한 것은 내가 따서 사용한 비치 보이스 노래의 한 구절에 드러난다.

"이 세상에서 이렇게 함께 사는 건 정말 멋진 일이야."

그리고 난 이렇게 생각했다.

'단원들과 나, 그리고 조프리와 나는 좋은 협력자가 되었고, 이제 무언가 멋진 일이 일어나려 하고 있어.'

작업 환경의 생동감을 무엇으로 평가하는가? 당신의 협력관계를 살펴보길 바란다. 건강한 환경 속에서 협력은 당신의 힘을 확장시켜줄 것이다.

We-Effect

열정정인 협력에서 창조가 시작된다 _ 라이트 형제

> 진정으로 열정적인 협력은 모든 힘을 쏟아야 하는 일이다.
>
> 같은 관심사를 가진 두 사람이 마음을 합친다면 철저한 원칙을 세워 성공적으로 수행할 수 있고, 동시에 각자의 고유한 생각을 펼칠 만큼 힘이 넘칠 것이다.
>
> 상호 호의적인 협력자들 사이에서 벌어지는 창조적인 의견의 불일치는 새로운 아이디어를 촉발한다.

어린 시절, 라이트 형제의 아버지는 고무줄을 이용해 하늘을 나는 장난 감을 선물해주었다. 장난감은 금방 고장났지만 장난감을 가지고 논 경험은 형제의 인생을 바꿔버렸다.

윌버와 오빌은 서로 따로 떨어져 작업하는 방식을 생각조차 하지 못했다. 둘은 손발이 척척 맞는 파트너였다. 윌버는 풍부한 영감의 소유자였고 오빌은 대범한 성격이었지만, 이 같은 기질 차이는 문제가 되지 않았다. 중요한 건 공통점이었다. 윌버와 오빌은 둘 다 놀라울 정도로 기계를 잘 다루었고 매우 지적이었으며, 격려나 인정 없이도 장시간 열심히 일했다.

월버와 오빌이 '라이트 형제'라는 이름으로 협력을 시작했을 때, 월버는 스물두 살, 오빌은 열여덟 살이었다. 둘은 여러 종류의 기계에서 부품을 가져와 인쇄기를 만들었다. 몇 년 후, 형제는 자전거를 샀고, 이어서 자전거 수리점을 열기 위해 인쇄소 문을 닫았다. 곧 그들은 삽다한 부품을 이용해 자전거를 제작했다. 자동차를 만들고 싶어 하는 오빌에게 월버는 이렇게 말했다.

"그보다는 하늘을 나는 기계를 만드는 편이 더 쉬울 거야."

월버는 비행에 대해 깊이 묵상하기 시작했다. 그는 새를 연구했다. 3년 후, 그는 스미스소니언 박물관에 항공학에 대한 정보를 보내달라고 요청했다.

1900년부터 1903년 동안 라이트 형제는 엄청난 양의 연구를 했고, 마침내 노스캐롤라이나 주의 키티호크에서 첫 번째 비행을 선보였다. 당시 그들은 마치 수도사들처럼 절제된 생활을 하며 자기 훈련에 몰두했다. 둘은 가게에서도 작업복을 입었고, 주일을 경건하게 지켰다. 월버는 당시의 상황을 이렇게 적고 있다.

"나와 동생 오빌은 함께 살고, 함께 일하고, 사실상 함께 생각했다."

그들의 도전 과제는 결코 만만치 않았다. 하늘에 떠 있을 수 있는 기계를 만들어야 했을 뿐만 아니라 작은 엔진과 프로펠러 또한 발명해야 했다. 그러기 위해서는 거듭된 실패에도 포기하지 않고 작업에 매달리는 끈기와 넓은 시야, 그리고 새로운 생각이 필요했다. 라이트 형제는 아이들의 장난감인 연으로 연구를 시작했다.

그들은 먼저 날 수 있는 기계를 만들려 애썼고, 그것을 하늘에 계속 떠 있게 하려면 무엇을 발명해야 하는지 곰곰이 생각했다. 이 과정에서 둘의 친밀한 협력이 결정적인 역할을 했다. 윌버와 오빌은 자유롭게 사고하면서 상대에게 비판을 당하리란 두려움 없이 어떠한 의견이든 개진했다.

의견이 일치하지 않을 때도 있었을까? 종종 그랬다. 윌버는 이렇게 말했다.

"나는 오빌과 다투는 걸 아주 좋아합니다. 오빌은 정말이지 훌륭한 논쟁 상대예요."

하지만 둘의 논쟁은 순전히 비행기를 발명하려는 목적을 위한 것이었지 감정적인 다툼은 아니었다. 첫 비행에 성공한 후 몇 년 뒤에 오빌은 윌버에게 "비행기를 발명한 '유일한' 최초의 사람"인 것처럼 말하지 말라고 주의를 주었다. 오빌은 자신의 실수를 곧장 바로잡았고, 윌버는 그 문제에 대해 다시 언급할 필요가 없었다.

라이트 형제는 천재적이었을 뿐만 아니라 또한 대단히 실제적이었다. 둘은 결코 한 비행기에 동시에 타지 않았다.

03

부딪혀야 불타오른다

서로 다른 배경을 지닌 두 사람의 협력은 또 다른 세상을 창조한다. 서로의 열정이 이제껏 경험하지 못한, 한층 확장된 세계를 탐험하게 한다.

신은 파트너를 한 쌍으로 생각하도록 인간을 창조했다. 엄마와 아빠, 그리고 수많은 사랑 노래와 남녀 관계를 다룬 영화를 떠올려보라.

둘이 만나 하나가 된다는 것은 참으로 낭만적인 이상이다. 자, 그렇다면 이상과는 거리가 먼 현실 속에서 단 한 사람의 파트너와 함께 하는 협력에 대해 살펴보기로 하자. 우리는 파트너에게 아이디어들을 던진다. 그러면 상대는 그것을 되받아 다시 던진다. 이러한 교환은 스스로의 아이디어를 낯선 귀를 통해 듣게 만든다. 파트너의 반응은 원래 아이디어의 단순한 반복이 아니기 때문이다.

사람들은 대체로 타인이 하는 말을 정확히 귀담아 듣지 않고, 거기에 자신의 생각을 임의로 덧붙여 응답하기 마련이다. 그럴 의도가 아니었다 해도 다른 사람들의 반응은 새로운 질문을 불러일으키며 다른 가능성들을 제기한다. 애초의 아이디어는 완전히 새로운 실체가 될 때까지 뒤섞일 수 있다.

모든 협력의 뿌리는 말 그대로 변화다. 새로운 파트너십보다 극적인 변화를 가져올 수 있는 것은 없다.

협력은 변화를 가져올 수밖에 없다. 협력을 하기 위해서는 파트너의 현실을 수용해야 하며, 상대가 나와는 모든 면에서 다르다는 사실을 인정해야 하기 때문이다. 그리고 이 차이점이야말로 정말 중요하다. 파트너의 강점을 더 많이 끌어내고 약점에 접근하는 일을 피할수록 파트너십은 더욱 공고해진다.

과학 수업에서 배운 멘델의 유전법칙을 떠올려보라. 대립된 두 형질이 만나면 우성형질, 곧 더 많은 수확을 내는 강한 식물이 탄생한다. 이는 식물학에서 볼 수 있는 협력의 결과다. 이러한 유전적 산수에서 1 더하기 1은 단순히 2가 아니다.

우리에게는 도전을 불러일으키는 파트너가 필요하다. 성공적인 협력의 파트너 사이에서는 1 더하기 1이 언제나 2 이상이 되는 결과를 낳는다.

모든 면에서 미하일 바리시니코프와 나는 정반대다. 그는 러시아 출신이고 나는 미국 중서부 사람이다. 그는 남자, 난 여자다. 바리시니코프는 고전적인 발레 훈련을 받았고 나는 절충주의적인 교육을 받았다. 이렇듯 정반대의 두 특질이 섞이자 혁신적이며 흥미진진한 춤이 탄생했는데, 이는 우리 각자가 따로 만들어내는 것과는 전혀 다른 것이었다.

〈듀스 쿠페〉를 본 바리시니코프는 내가 자신의 춤을 만들어주기를 바랐고, 1975년 말에 아메리칸발레시어터는 내게 정식으로 그 일을 제안했다. 이는 어떤 안무가라도 도전하고픈 과제였다. 더구나 제도권 밖에서 일하던 나 같은 여성 안무가에게는 더더욱.

그러나 나는 그와 함께 일할 수 있을지 확신하지 못했다.

나는 바리시니코프가 19세기 고전 발레를 공연하는 모습을 지켜보았다. 비록 고전 발레에 뿌리를 두고 있다고는 해도 내가 발전시켜온 동작들은 그가 아메리칸발레시어터 무대에서 보여주는 것과는 매우 달랐다. 그래서 난 이렇게 선언했다.

"리허설에서 바리시니코프를 직접 보기 전에는 함께 일할지 결정할 수 없습니다."

이는 현명한 결정이었다. 그는 불과 일 년 전에 소련에서 망명했다. 그는 대스타였고 전 세계에 팬들을 거느리고 있었다. 만약 그가 어떤 작품에서 자신의 재능을 충분히 발휘하지 못한다면 모든 비난은 안무가에게 향할 것이 분명했다. 말하자면 내가 산 채로 뜯어 먹힐 터였다.

하지만 도전을 피해서는 안 된다. 그리고 도전과 함께 오기 마련인 기회도. 바리시니코프는 새로운 시도를 원했고, 기꺼이 실험의 제물이 되고자 했다. 기존의 한계를 무너뜨리려는 안무가에게 이보다 더 큰 호소력을 지닌 파트너는 없을 것이다.

나는 일부러 리허설 시간에 늦었고 정식으로 만나기 전에 그가 춤추는 모습을 먼저 지켜보았다. 사실 나는 그가 극적인 요소와 재미에 대한 감각을 지니고 있으리라고는 예상하지 못했다. 그러나 리허설이 끝났을 때 그는 느닷없이 옆으로 재주를 넘고 공중제비를 돌더니만 내 바로 앞에서 반듯이 착지했다. 그리고 마치 보드빌 배우마냥 팔을 쫙 펴면서 도저히 잊을 수 없는 백만 불짜리 미소를 보내왔다.

선에 한 번도 만나본 석 없는, 그러나 이토록 거무할 수 없는 매력을 지닌 누군가에게 다른 무슨 말을 할 수 있을까? 덮어놓고 그를 믿어버리고 나 역시 미소로 화답하며 함께 일하기로 결정하는 것 외에.

인터넷 덕분에 이제는 실제 미팅 전에 상대에 대한 많은 정보들을 손쉽게 얻을 수 있다. 예컨대 구글 검색이나 페이스북을 통해서 말이다. 하지만 최근까지만 해도 누군가에 대해 꽤 깊은 정보를 얻으려면 도서관에 파묻혀 자료를 뒤져야 했다. 혹은 필요한 정보를 갖고 있는 사람의 지인을 개인적으로 알아야 하는데 이럴 경우 작업은 더 이상 비밀이 될 수 없다.

앙리 마티스는 폴 세잔을 가리켜 "그림의 신"이라고 불렀다. 세잔의 영향력이 그에게 위협적이거나 위험한 것이기 때문이었을까? 마티스는 이렇게 말했다.

"혼자 힘으로 살아갈 힘이 없는 이들에게 그것은 해악이 될 수 있다. 그러나 나는 다른 사람의 영향을 결코 피해간 적이 없다."

바리시니코프와 일하면서 내가 느낀 감정이 바로 이것이다. 두려움 때문에 기회를 저버리는 것은 겁쟁이들이나 하는 짓이다.

우리는 언어가 아닌 동작으로 이야기했다. 나는 러시아어를 모르고,

그는 영어를 거의 하지 못했다. 우리는 주로 동작으로 의사소통했다. 내가 무언가를 말로 설명하려 하면 그의 언어 회로는 닫혀버렸고, 이어 움츠러들면서 혼자만의 세계로 들어갔다. 통역이 필요했지만 적당한 사람이 없었다.

그러나 언어 장벽은 사실 큰 문제가 되지 않았다. 우리에게는 공통의 언어가 있었기 때문이다. 우리는 비슷한 작업 습관을 지닌 무용가였다. 그와 나는 오전에 기술 훈련을 해왔고 이어 연습을 했다. 날마다. 해마다. 이것이야말로 우리가 함께 일할 수 있었던 궁극적인 이유다.

바리시니코프는 나와의 작업 외에도 많은 공연을 준비해야 했기 때문에 그가 뉴욕에 있는 동안 할 수 있는 한 많은 양의 연습을 소화해야 했다. 그가 뉴욕을 떠나 있으면 나는 혼자서 할 수 있는 작업을 했다. 탁월한 래그타임 작곡가인 조지프 램의 음악을 첨가하고 소도구(남성용 중절모)를 준비했으며 다른 무용수들과 연습했다.

그 사이 바리시니코프는 혼자 성실히 연습을 함으로써 나와의 협력 관계에 온전히 임하고 있다는 사실을 보여주었다.

바리시니코프가 돌아왔을 때에야 처음으로 나는 모든 출연진들과 함께 처음부터 끝까지 공연을 맞춰보았다.

본 공연이 시작되었고 몇몇 실수가 있었다. 나는 무대에 오르는 입구와 나오는 출구를 헷갈렸고, 내가 독무를 해야 하는 장면에서는 다른 무용수가 무대를 떠나지 않고 서 있었다.

그러나 우리는 위기를 잘 넘겼고 첫 공연을 성공적으로 마쳤다. 바리시니코프가 춤추는 모습을 지켜보는 다른 무용수들의 표정을 바라보면서 나는 이런 생각을 했다.

'그래, 우리 무위가 새로운 짓을 창조한 거야.'

우리는 서로의 차이를 존중했고 각자의 특성을 재조합하는 방법을 찾기 위해 그것들을 분석했다.

그렇다고 우리 사이에 아무런 갈등이 없었던 것은 아니다. 어떤 협력에도 불편한 순간은 존재하기 마련이다. 바리시니코프와 나 역시 오해와 의견 불일치를 겪었다.

그러나 우리는 서로에게 가까이 다가가려는 노력을 결코 멈추지 않았다. 새로운 도전을 향한 모험을 위해 우리는 새로운 것들을 기꺼이 신뢰했으며 어려움이 있어도 다음 단계로 나아갈 수 있었다.

1859년, 찰스 다윈은 이렇게 썼다.

"가장 강하거나 지능이 높은 종이 살아남는 것은 아니다. 변화에 가장 잘 적응하는 종이 살아남는다."

위대한 파트너십은 날마다 변화를 만들어낸다.

〈막다른 골목Push Comes to Shove〉을 처음 무대에 올리는 날 밤. 중절모를 쓴 휘황찬란한 난봉꾼 바리시니코프가 등장했다. 그는 춤을 추고 빙그르르 돌고 손가락으로 머리카락을 빗어 넘겼다. 그리고 공중으로 높이 뛰어올랐다. 그가 뛰어오른 높이는 그간의 모든 기록을 깼다.

관객들은 공연에 대만족했다. 바리시니코프는 다양하고 놀라운 형태로 관객의 기대보다 훨씬 더 많은 것들을 보여주었다.

바리시니코프에게 그 공연은 예술적 승리이자 상업적인 대성공이었다. 세상을 향해 자신이 어떠한 춤이라도 모두 출 수 있다는 사실을 보여준 것이다. 고전 발레든 현대 무용이든, 혹은 아직 채 이름이 붙여지지 않은 그 무엇이든 말이다.

관객들은 바리시니코프에 대한 기존의 생각을 훨씬 더 확장해야만 했다. 한 마디로 그는 스스로를 해방시켰다.

내게도 공연은 엄청난 성공이었다. 나는 이미 충분한 명성을 누리고 있는 위대한 무용가의 새로운 능력을 드러내보였다. 그의 예술적 평판을 깎아내리지 않는 방식으로 말이다.

또한 '모든 사람'이 바리시니코프의 공연을 보기 위해 극장을 찾았기 때문에 나의 세계 또한 확장되었다. 영화감독 밀로스 포만은 다음 작품 〈헤어Hair〉의 안무를 맡아달라고 청해왔다.

〈막다른 골목〉 초연 이후 바리시니코프와 나는 곧 다시 함께 무대에 올랐다. 이번에는 아메리칸발레시어터의 갈라쇼에서 프랭크 시나트라

(미국의 유명한 가수이자 배우-옮긴이)의 음악에 맞춰 2인무를 선보였다. 이 짧은 공연은 두 가지 면에서 예상치 못한 것이었다. 우선 우리 두 사람이 파트너를 이뤄 공연한다는 건 완전히 획기적인 아이디어였다. 우리의 부대는 발레도, 댄스도 아닌 새로운 것이었다.

그리고 바리시니코프는 단 한 차례도 두 발을 동시에 바닥에서 떼지 않았다. 그에게 많은 장점이 있었지만, 무엇보다 그는 탁월하고 우아한 운동선수였다. 그의 스피드와 빠른 움직임, 힘을 따라올 무용수는 없었다. 또한 그는 엄청나게 높이 점프할 수 있었다. 따라서 다른 차원의 재능을 끌어내기 위해 점프를 자제한다고 했을 때, 많은 이들이 나를 옹졸하다고 비난했고 호된 야유를 쏟아냈다.

당시에는 사람들의 그런 반응이 무척이나 고통스러웠다. 그러나 바리시니코프와의 듀엣 공연 덕분에 나는 짝을 이룬 두 명의 협력관계에 대해 정말로 진지하게 생각하기 시작했다.

〈듀스 쿠페〉와 〈막다른 골목〉에서 짝을 이룬 동작들을 짜면서 나는 다음의 사실을 깨달았다.

'같은 기술이라도 여성 무용수들로만 이루어진 앙상블과는 완전히 다른 것이 되는구나!'

바리시니코프와 일하면서 나는 짝을 이룬 동작을 철저히 연구하기 시작했다.

바리시니코프와 아메리칸발레시어터를 위해 두 개의 발레 작품을 더 만든 후인 1985년, 나는 영화 〈백야〉에 들어갈 발레 장면의 안무감독으로 고용되었다. 내가 할 일은 두 명의 주인공인 바리시니코프와 그레고리 하인스의 성격을 춤으로 선명하게 표현하는 것이었다. 둘의 대비는 정말이지 강렬했다.

한 명은 위대한 발레 스타, 다른 한 명은 전설적인 탭 댄서였다. 한 명은 탄탄한 근육에 금발머리, 다른 한 명은 호리호리한 체격에 짙은 색깔의 머리를 하고 있었다. 한 명은 완벽에 가까운 고전 기술을 익히기 위해 8년간의 고된 훈련을 마쳤고, 다른 한 명은 여섯 명의 형제가 결성한 희극단의 일원으로 성장했다.

도대체 어디서부터 손을 대야 할까? 이럴 때는 언제나 무용수들이 가장 즐기는 것으로 시작해야 한다. 이 점에서 둘은 놀라울 정도로 비슷했다. 둘 모두 믿어지지 않을 정도의 반사 스피드를 이용해 환상적인 점프를 했다. 두 사람은 섬세한 리듬 감각을 지녔고 탁월한 균형 감각을 자랑했다.

함께 일하면서 둘은 자아를 버렸다. 두 사람은 다음과 같은 사실을 잘 알았던 것이다.

"우리 둘의 조합은 정말이지 훌륭해. 서로를 알아달라고 힘들게 증명할 필요도 없이 정말 잘 맞는 짝이야."

두 사람의 가장 큰 공통점은 서로의 골수팬이라는 사실이었고, 이는 엄청난 효과를 발휘했다!

둘은 결코 경쟁하지 않았다. 두 사람은 함께 어울리며 서로 기술을 가르쳐주었지만, 카메라 앞에 서면 철저히 상대의 영역을 존중했다.

덕분에 나의 작업은 당황스러울 정도로 쉬워졌다. 두 남자는 대단히 유능한 예술가였을 뿐 아니라 서로를 향한 깊은 존경심을 품고 있었기 때문이다. 두 사람은 기꺼이 최선을 다했고 내가 던지는 어떤 아이디어든지 열린 마음으로 받아들였다.

그리고 마치 평생 그렇게 해왔던 것처럼 이 모든 낯선 조합을 카메라 앞에서 펼쳐보였다.

우리의 작업은 다소 이상한 조합의 '멘델의 법칙'이었다. 각기 다른 국적을 가진 세 명이 런던에 모여 레닌그라드가 무대인 영화를 찍는다. 하지만 거기엔 엄청나게 창조적인 매력이 있었다.

때때로 난 이런 생각을 했다.

'내가 하는 일은 그저 두 명의 위대한 예술가의 접점을 보여주고 둘 사이의 대화를 돕는 것뿐이구나.'

나는 두 사람의 탁월한 기량과 영역을 가장 잘 드러낼 수 있는 방법을 찾으려 애썼고, 둘이 함께 춤추는 장면에서는 나의 스타일을 전수하기도 했다. 두 사람은 각자의 색깔을 지키는 동시에 내가 부여한 새로운 스타일을 통해 하나로 묶였다.

더불어 그것은 나의 또 다른 있을 법하지 않은 협력, 곧 피겨스케이팅 세계 챔피언 존 커리와의 작업에서 내가 맡은 역할이기도 했다.

나는 그전까지 스케이트를 신어본 적도 없었다. 우리가 함께 일하기 시작했을 때 커리는 내가 계속 그 상태에 머물기를 바랐다.

"넘어지는 당신을 받쳐줄 의무를 떠맡기 싫거든요."

그래서 나는 링크 가장자리에 서서 그에게 이런저런 동작들을 취해 보라고 주문해야 했다.

열렬한 스케이트 애호가들은 존을 이렇게 평가한다.

"그는 정말이지 뛰어난 기량을 가진 피겨스케이팅 선수예요. 존은 바리시니코프만큼이나 우아하고 예술적인 기술을 지니고 있어요."

나와의 작업을 통해 그의 동작을 더 향상시킬 수는 없을 것이다. 대신 난 이런 생각을 했다.

'커리가 마음을 빼앗길 만큼 특이하고 대단히 멋진 제안을 하는 거야! 그가 매디슨스퀘어가든에서 공연할 때 피겨스케이팅계를 충격에 빠뜨릴 만한!'

커리와 함께 작업하면서 나는 넓은 장소를 효과적으로 이용할 수 있는 동작에 대해 배웠다. 이는 커리처럼 뛰어난 예술가와 일하지 않았다면 결코 익힐 수 없었을 부분이다.

빙상 경기장 한쪽 끝에서 반대편 끝으로 쉼 없이 오가며 반복 훈련하는 모습을 지켜보면서, 나는 그가 빙상에서 만들어내는 패턴을 주의 깊게 관찰했다. 커리 역시 자신의 완벽한 기량에 내가 부여한 새로운 요소들을 접목하여 전과는 다른 차원의 무대를 선보일 수 있었다. 자신의 개성을 유지하면서 한층 확장된 세계를 성공적으로 탐험한 것이다.

성공적인 협력관계에서 우리는 파트너에게 진 빚을 결국 다 갚을 수는 없다. 그저 무한한 감사의 마음을 간직할 뿐.

We-Effect

보이지 않는 협력자도 중요하다_ 헤르메스 판

> 협력은 보이는 것과는 다른 것일 수 있다.
>
> 기회는 눈에 보이지 않는 협력자다.
>
> 전에 함께 일해본 적이 없는 새로운 협력자들은 종종 성공적인 결과를 가져오는 열쇠가 된다.

프레드와 진저에 대한 이야기를 해보자. 두 사람은 미국 대중문화사에 뚜렷한 흔적을 남겼다. 1930년대에 그들은 함께 일련의 영화들에 출연했는데, 덕분에 둘은 영화 역사상 가장 위대한 댄스 팀 중 하나로 영원히 남게 되었다.

프레드 애스테어와 진저 로저스는 탁월한 파트너였다. 그러나 진정한 협력자는 아니었다. 두 사람을 댄스 영화의 아이콘으로 만들어준 춤을 창조했을 때, 프레드의 협력자는 젊은 안무가 헤르메스 판이었다. 프레드와 진저가 협력하지 못한 이유는 성격차로 인한 불화라기보다는 서로 경쟁 관계에 놓여 있었기 때문이다. 처음에 프레드는 다음과 같은 이유로 진저와 한 팀을 이루는 걸 못마땅해 했다.

"진저는 한 번도 파트너와 춤을 춰본 적이 없었는데 그 사실을 철저히 숨겼죠. 진저는 탭 댄스도 출 줄 몰랐고 그밖에도 못하는 게 많았어요. 하지만 그녀는 엄청난 노력파예요. 게다가 카메라 앞에서 재밌게 보이는 법을 알았죠. 진저는 얼마 후 나와 호흡이 무척이나 잘 맞는다는 사실을 인정했습니다. 나 역시 한동안은 그녀 외에 다른 누구와 춤을 추면 어색했을 지경이었어요."

헤르메스 판은 진저와 프레드가 만들어낸 춤의 공동 창작자다. 내시빌 주재 그리스 영사의 아들로 태어난 판은 어린 시절부터 춤에 미쳐 있었다. 결국 테네시 주에서 도망쳐 나온 판은 뉴욕으로 건너왔고, 불과 열네 살에 뮤지컬 코미디의 코러스를 맡았다. 스물한 살 때는 브로드웨이에서 안무 조연출가로 활동했고, 스물두 살 때는 할리우드에서 일했다.

판은 스물세 살 때 영화 〈리오로의 비행Flying Down to Rio〉의 안무 조연출을 맡았고, 세트장에서 진저를 처음 만났다. 영화의 삽입곡 〈캐리오사The Cariosa〉는 판이 테네시에서 본 흑인의 춤과 무척 잘 어울렸다. 진저는 판이 흑인의 스텝을 떠올리며 따라하는 모습을 보자 이렇게 말한다.

"제가 해봐도 될까요?"

"물론이죠. 뭐든 해봐요."

바로 그 순간, 진저는 선생이자 파트너이며 논평자를 얻었다. 그리고 몹시도 필요로 하던 협력자도. 대체로 프레드와 판은 영화 촬영을 시작하기 약 한 달 전부터 함께 작업했다. 그들은 함께 노닥거리며 적절한 스텝이 저절로 나타나기를 기다렸다. 그러다가 몇몇 스텝이 떠올랐다.

판은 한 인터뷰에서 이렇게 말했다.

"처음 2주 동안에는 진저와 그냥 어울려 놀았어요. 나는 그녀가 어떻게 춤추는지, 그리고 프레드에게 무엇을 기대하는지 압니다."

판은 진저를 불러들여 자신과 프레드가 춤추는 모습을 지켜보게 했다. 그런 과정을 통해 진저는 스텝을 익힐 수 있었다. 프레드와 진저 모두 판과의 작업을 통해 시간을 두고 자신들의 춤을 완벽하게 다듬어갔다. 각각의 장면은 40테이크 가까이 촬영되기도 했다.

영화를 보는 관객들은 물론 프레드와 진저의 모습만을 볼 수 있었다. 그러나 프레드의 진정한 협력자는 카메라 밖, 자신과 1.5미터 떨어진 곳에 서 있었다.

04

협력의 기술3

같은 장소에 없어도 힘을 모을 수 있다

이제 인터넷은 생각을 전하는 위대한 도구가 되었다. 파트너와 얼굴을 마주하지 않고도 협력을 성공적으로 이끈다. 물론 얼굴을 마주하고 해결해야 할 문제는 여전히 존재한다.

작곡가이자 연주자인 나의 아들 제스는 내게 빌리 조엘과 함께 춤과 음악이 어우러지는 무대를 만들어보라고 권했다.

"빌리에게는 엄청난 관객을 끌어 모으는 초자연적인 능력이 있어요. 빌리의 노래를 들으면 저절로 발이 움직이실 거예요. 그의 발라드를 들으면 남자든 여자든 촉촉한 분위기에 젖게 되죠. 그리고 빌리의 음악은 정말이지 대단해요. 그 안에는 강렬한 분노와 용기, 비극 그리고 순전한 생존의 기쁨이 들어 있어요."

하지만 빌리 조엘이라는 팝계의 음유시인이 과연 브로드웨이 관객들을 유혹할 수 있을까? 나는 그의 음악을 들으면서 이미 내게 익숙한 테마 한 가지를 발견했다. 그는 베트남전쟁이 사람들의 감정에 어떤 영향을 끼쳤는지 노래했다. 그것은 영화 〈헤어〉의 밑바탕에 깔린 주제의식이기도 했다. 그러나 당시 밀로스 포만은 대중보다 너무 앞서 있었다. 영화가 개봉될 당시 미국 관객들은 여전히 미숙했고 자신의 입장을 고집스럽게 고수했다. 하지만 지금은 상황이 달라졌다. 관객들은 이제 베트남전쟁이 우리 세대 미국인에게 요구한 대가가 무엇인지 직시할 수 있을 만큼 성숙했다.

나는 빌리와는 일면식도 없는 사이였고 그와 개인적으로 연락할 방도도 없었다. 나는 빌리 조엘의 노래 〈무빙 아웃Movin' out〉에 참여할 여섯 명의 무용수들을 모아서 20분짜리 비디오를 제작했다. 그리고 빌리를 나의 아파트로 초대해 비디오를 보여주었다.

"어때요? 당신의 음악이 댄서들이 주축이 된 브로드웨이 뮤지컬에 얼마나 중요한 역할을 할 수 있는지 보셨지요?"

빌리 조엘은 그 자리에서 계약서에 사인했다.

성공적인 첫 만남을 하고 싶다면 철저히 준비하라. 첫 인사를 나누기 전에 모든 준비를 끝마쳐야 한다.

작업할 음악이 이미 있던 곡이고 거기다 그 음악을 만든 사람이 엄청난 스타라면, 사실상 동등한 협력관계는 불가능하다. 실제적 문제 가운데 하나는 빌리를 제작 과정에 끌어들일 이유가 전혀 없다는 것이다. 이 작업은 빌리가 아닌 그의 음악과의 협력이었기 때문이다.

하지만 작업을 도와줄 중요한 인물이 한 명 필요했다. 빌리는 편곡과 제작, 공연에 관한 모든 질문에 성심껏 답해줄 직원 한 명을 보내주었다. 실질적 작업은 내가 하고 빌리의 명성을 등에 업을 수만 있다면 쇼는 큰 성공을 거둘 가능성이 높았다.

이는 아주 영리한 분업이었다. 나는 언론을 혐오하는 사람은 아니지만 경험상 언론을 대할 때는 항상 조심해야 한다는 사실을 잘 알았다. 빌리는 원기왕성하고 배포가 큰 인물이다. 그는 카메라를 향해 웃으며 재치 있는 말을 던지는 데 선수였다. 그는 미디어의 스포트라이트를 독차지하며 우리의 공연을 성공적으로 홍보했다.

공연 중에 위기를 맞기도 했다. 시카고에서 관객들은 공연에 아쉬움을 표현했고 난 그들의 의견에 동의했다. 관객들은 내게 가장 유용한 협력자들이다. 관객들이 없었다면 나는 내 스타일만을 내세웠을 것이다. 공연에서 맡은 역할이 너무 많았기 때문이다. 나는 작가이자 안무가이자 연출가였다.

그때 정말 다행히도 빌리가 아주 특별한 도움을 주었다. 그는 내가 예상한 것보다도 훨씬 더 영향력 있는 명사였다. 빌리는 인터뷰를 마다하지 않았고, 출연진과 지인들을 위한 파티를 열었다. 공연에 도움이 될 만한 제안을 해주기도 했다. 그리고 무엇보다 가장 결정적인 순간에 빌리는 '짠' 하고 모습을 드러냈다.

리허설 때 골머리를 앓게 한 문제 중 하나는 많은 무용수들이 오토바이를 타고 연습실에 온다는 사실이었다. 부상자들이 생겼지만 무용수들은 여전히 오토바이를 버리지 않았다. 브로드웨이에서 연출가는 전지전능한 힘을 발휘하지만 조합원들과 사이가 어긋나는 순간 모든 힘을 잃는다.

어느 순간 내가 가장 두려워하던 일이 벌어졌다. 상상했던 것보다 훨씬 더 심각한 교통사고가 터진 것이다. 부상당한 무용수가 한밤중에 병원으로 실려 갔고 다음날 아침, 목숨을 잃었다. 가슴이 찢어질 듯 아팠다. 그리고 곧이어 깊은 분노가 일어났다. 나는 아침 회의를 소집했다.

"오토바이를 타지 말라고 여러분에게 명령할 수는 없습니다. 하지만 나는 그렇게 말할 겁니다. 오토바이를 타지 마십시오. 공연이 끝날 때까지 오토바이를 금지합니다."

빌리는 이 모임에 참석할 필요가 없었지만 몸소 먼 길을 달려왔다. 그리고 정말 강력한 역할을 했다.

빌리는 오토바이 애호가였다. 수집만 하는 것이 아니라 타는 것 또한 즐겼다. 뉴욕 사람들은 누군가 오토바이에서 내려 헬멧을 벗었는데 그가 빌리 조엘이라 해도 이제 놀라지 않는다.

하지만 모임에서 빌리는 이렇게 선언했다.

"공연을 모두 마칠 때까지 나 역시 오토바이를 멀리 하겠습니다."

브로드웨이에서 공연되는 쇼의 90퍼센트는 1년을 넘기지 못하고 사라진다. 〈무빙 아웃〉은 관객들의 열광적인 호응을 얻었다. 3년 동안 공연되었고, 몇 차례 투어에 나서기도 했다. 투자자들이 크게 만족했음은 말할 나위도 없다.

공연을 통해 난 바라던 모든 것을 얻었다. 그리고 생각지도 못한 보너스 또한 얻었다. 쇼가 끝나고 줄지어 공연장을 나가면서 관객들이 이렇게 말하는 소리를 들은 것이다.

"난 사실 빌리 조엘 때문에 공연 보러 온 거거든. 근데 이 무용수들 정말 대단하지 않니?"

밥 딜런은 매력적이고 영리하며 재미있는 친구다. 그리고 빌리 조엘과 마찬가지로 무척이나 바쁘다. 어느 날, 딜런이 전화를 걸어와 댄스 뮤지컬을 함께 제작해보자고 제안했다. 나는 하나의 극이 될 만한 맥락을 찾기 위해 딜런의 수많은 곡들을 검토해보았고, 그의 노래들을 춤으로 표현할 수 있다는 사실을 증명해보고 싶은 마음이 생겼다. 나는 몇몇 노래들을 뽑아 적절한 동작들을 생각해냈다. 우리가 만났을 때 나는 〈슈가 베이비Sugar Baby〉를 틀고 딜런에게 춤 동작을 보여주었다.

"계속 그런 식으로 연습해줘요. 그나저나 도대체 내 음악에 맞춰 어떻게 그렇게 빠르게 움직일 수 있는 거죠? 비결이 뭐예요?"

"비밀은 박자에 있어요. 〈슈가 베이비〉의 박자는 정확히 4분의 2박이죠. 난 각각의 박자를 셋잇단음표로 만들었어요. 덕분에 무겁게 들릴 수 있는 음악이 한결 가벼워졌어요."

"무슨 말씀인지 모두 이해할 수는 없지만 신뢰가 가는군요."

1년간의 자료 조사와 준비, 그후 다시 1년 반 동안 캐스팅 과정과 리허설, 워크숍을 거쳐 〈시대는 변한다 The Time They are-A Changin'〉가 탄생했다. 2007년 초, 공연차 샌디에이고를 방문한 딜런이 일정보다 먼저 도착해 나를 찾아왔다. 작업 과정을 관심 있게 지켜본 후 그는 축복의 말을 해주고 떠났다.

내가 샌디에이고에 있는 동안 마이애미시립말레난에서 연락이 왔다. 발레단의 창립자이자 감독인 에드워드 빌렐라가 직접 전화를 했다.

"갈라쇼를 기획하고 있는데 엘비스 코스텔로가 곡을 써주기로 했어요. 선생님께서 안무를 맡아주셨으면 합니다."

나는 항상 협력자를 스스로 선택하곤 했다. 그럴 수 없을 때를 제외하곤 언제나 말이다. 선택권이 없을 때는 나는 그저 회사나 조직에 고용된 사람에 불과하며, 그러면 이곳에 남을 것인지 말 것인지 선택해야만 한다.

그러나 엘비스 코스텔로는 "발레를 위해 새 음악을 작곡하고 싶다"는 전갈을 친히 보내왔다. 그는 발레곡을 만들어낼 만한 충분한 재능과 전력이 있었다.

그는 1977년, 〈내 의도는 진실한 걸요My Aim is True〉라는 빼어나고 힘에 넘치는 앨범을 발표하면서 영국 음악계에 혜성 같이 등장했다. 그 뒤로도 히트곡을 줄줄이 발표했다.

그는 뛰어난 실력을 갖춘 밴드를 거느리고 있고, 작사가로서도 독보적인 위치를 차지하고 있다. 게다가 대단히 폭넓은 분야의 아티스트들과 함께 작업했다.

코스텔로가 정력적인 협력자라는 증거는 무수히 많다. 말하자면 그는 어떤 일에든 도전하는 타입이다.

사실 나는 지난 수년 동안 작업실에서 혼자 코스텔로의 음악에 맞춰 춤을 춰보곤 했다. 그의 화음은 자극적이고 리듬은 관능적이었다. 불길함과 복잡성, 그리고 어둠. 그의 음악에 맞춘 나의 춤에는 이 세 가지 힘이 더해졌다. 그는 지칠 줄 모르고 일하는 예술가였다. 코스텔로는 경계를 확장하고 다양한 음악들을 뒤섞는 걸 즐겼다.

"이미 있는 길로 다니지 마십시오. 대신 길이 없는 곳으로 가 첫 발자국을 남기십시오."

코스텔로는 아마도 랠프 월도 에머슨의 이 말을 마음에 새긴 듯했다. 나는 그가 작업한 다양한 음악을 듣고 이런 생각을 했다.

'그라면 새로운 차원의 협력관계에 함께 도전해볼 수 있을 것 같아!'

그러나 마이애미시립발레단과 맺은 계약에 의하면 내 권한은 춤에 국한되어 있었다. 나는 거기에 음악에 관한 몇 가지 조항을 첨가했다. 초벌 작곡과 완성된 곡의 마감일도 그 가운데 하나였다. 내가 마감일을 고집한 이유는 무엇일까? 들어본 적도 없을 뿐 아니라 아직 작곡도 안 된 곡에 맞는 춤을 만들어내는 일에 집중하는 건 도박이다. 영화 작업에 참여했을 때 곡들은 항상 마지막에야 뒤늦게 완성되곤 했다. 마이애미에서만큼은 초연 전에 미흡한 부분을 수정할 시간을 갖고 싶었다.

하지만 거기에는 그 이상의 의미가 있었다.

아무리 주의를 기울여도 일은 잘못되기 마련이다. 따라서 스스로를 보호해야 한다. 특히 상대방에 대해 잘 알지 못할수록 그러하다.

계약서는 매우 중요하다. 따라서 처음부터 계약 조건에 대해 이야기하는 것을 쑥스럽게 생각하지 말아야 한다. 계약 조건은 일을 시작하기 전에 합의돼야 한다. 당신이 가장 큰 힘을 행사할 수 있는 때가 언제인지 아는가? 누군가 당신과 일하기 원하는데 아직 계약은 이루어지지 않은 순간, 곧 당신이 계약서에 사인하기 직전이다.

내게는 조심해야 할 이유가 또 한 가지 있었다. 엘비스 코스텔로는 유명인사이고, 유명인사는 으레 많은 사람들로 이루어진 팀을 이끈다. 예컨대 홍보담당자나 대외관계자, 변호사와 매니저 같은. 그들은 유명인사뿐만 아니라 자신들의 몫을 챙기기에 바쁘다. 한 마디로 덩치 큰 기업이나 마찬가지다.

연예산업계에 몸담은 적이 없다면 이들을 거느린 유명인사와 함께 일해본 경험 또한 별로 없을 것이다. 그렇다면 유명인사를 A, 당신을 B라고 간단히 상정해보자. A는 B에 비해 더 큰 권한과 힘을 갖는다. 나의 교훈은 당신의 상황에도 그대로 적용된다. 겁먹지 마라. 궁극적으로 당신이 함께 일하는 사람은 당사자 한 명이다.

물론 코스텔로를 만나자마자 나는 쓸데없는 걱정을 했다는 사실을 깨달았다. 직접 만난 코스텔로는 앞니 사이가 조금 벌어진 사랑스러운 남자였다. 그는 카우보이 부츠에 검고 빳빳한 밀짚모자 차림이었고, 미소에는 아일랜드인 특유의 재치가 묻어났다. 첫 만남에서 우리 사이에는 가식이나 쓸데없는 잡담이 전혀 오가지 않았다. 그는 유들유들한 남자가 아니었다. 항상 철두철미하고 진지한 자세로 작업에 임했다. 코스텔로는 가짜를 용납하지 않았고, 직설적으로 핵심을 찔렀으며 아주 명석했다. 그리고 예술가답지 않게 조직적이었다. 그는 항상 노트북을 끼고 다니며 기록했다.

첫 만남에서 코스텔로는 새로운 곡의 초안과 함께 참고가 될 만한 이전 노래 몇 곡을 가져왔다. 나는 코스텔로의 모든 곡을 뒤져 필요한 부분을 골라냈고, 그것을 이전에 내가 작업을 녹화한 비디오 편집 화면에 입혔다. 우리 작업의 영감과 에너지를 촉발시키기 위한 준비였다.

작별인사를 하면서 코스텔로는 이렇게 약속했다.

"마이애미로 리허설 가실 때 쓰실 곡의 초안을 봄에 보내드리겠습니다."

첫 만남에서 우리는 이미 발레에 관련한 많은 문제들을 해결했을 뿐 아니라 뜻이 잘 통하는 협력자들만이 도달할 수 있는 천국에 다녀왔다.

지금까지는 아주 좋았다. 상대가 나처럼 연륜 있는 연장자라면 대스타도 기꺼이 일정을 맞춰줄 수 있는 것인가 보다고 나는 생각했다.

코스텔로가 곡을 만드는 동안 나는 또 다른 협력자들과 함께 일했다. 먼저 에드워드 빌렐라. 1960~70년대 뉴욕시립발레단의 전성기 때, 그는 당대 최고의 안무가들과 함께 일하는 위대한 무용수였다. 그러나 부상을 당한 부위기 감염을 일으켜 전성기에 무대를 떠나야 했다. 현재 그는 정력적으로 후배 무용수들을 육성하면서 여러 가지 면에서 발레계에 공헌하고 있다. 그를 초빙한 건 마이애미시립발레단에게 커다란 행운이었다.

빌렐라는 내게 최고의 파트너였다. 다음과 같은 해묵은 질문이 잘못된 것이라는 사실을 완전히 이해하기 때문이다.

"당신은 발레리나(발레리노)입니까, 아니면 현대 무용가입니까?"

〈듀스 쿠페〉의 성공 이후 나는 실질적이며 폭넓은 방식으로 다양한 춤 스타일을 융합해야 한다고 느껴왔다. 빌렐라는 이에 크게 공감했다. 아마 빌렐라가 아니었다면 나는 마이애미로 날아가지 않았을 것이다.

대체로 나는 익숙하고 믿을 만한 조수를 동반하는데, 이번에는 예외였다. 빌렐라의 딸 크리스타가 조수로 참여했기 때문이다. 창작 발레의 경험은 없었지만 크리스타는 무용수들 사이에서 자랐다. 그녀는 밝고 헌신적이었으며 아버지를 닮아 힘이 넘쳤다. 어느 날 저녁, 나는 크리스타가 아이들의 발레 연습을 진행하는 모습을 지켜보았다. 그녀는 강하고 명확하며 아이들을 잘 이해했다. 크리스타는 권위를 포기하지 않으면서 아이들에게 공감하는 법을 알았다. 게다가 오래된 내 몇몇 작품을 연습한 경험도 있었다. 또한 그녀는 우선순위에 대한 감각이 있었다.

나는 마이애미에서 무용수들의 이름을 웬만큼 기억했지만 개인적으로는 전혀 알지 못했다. 수업이나 연습은 보통 정신없이 진행되곤 한다. 필기라도 할라치면 결국 무슨 말인지 알 수 없는 횡성수설을 휘갈겨 쓴 낙서로 끝나게 마련이었다. 만약 부상자라도 생기면 상황은 아주 복잡해진다.

그리고 사실 조수 때문에 연습 시간이 더 길어지기 마련이다. 그러나 연습이 반복되고 조수가 모든 과정을 익히게 되면 이렇게 확신해도 좋다.

'내가 버스에 치이더라도 공연은 제때 무대에 올라가겠구나.'

어떤 협력에서도 조수는 당신이 허용하는 만큼의 가치를 지닌다. 그들을 존중하면 가치 있는 협력자를 얻게 될 것이다.

조수들의 보살핌과 감정은 내게 늘 중요했다. 불행히도 대부분의 사람들은 그렇게 생각하지 않는다. 자신이나 다른 사람의 조수에게 잔인하게 대하면서 그들에게 특별하고 즉각적인 배려를 받기 원하는 사람들이 있는데, 나로서는 도저히 이해가 가지 않는 부류다.

당신이 함부로 소리를 길러대는 그 또는 그녀는 기발하고 뛰어난 재능의 소유자일 수 있다. 야심 있고 성공할 만한 싹일 수도 있다. 언젠가 당신의 상사가 될 수도 있으며, 당신을 도울 수 있는 사람, 당신에게 꼭 필요한 누군가가 될 수 있다. 인생의 여러 단계 중에서 지금 조수의 역할을 하고 있는 것뿐이다.

조수는 당신의 비밀이나 인간적 약점에 대해 모두 알게 된다. 만나자마자 난 크리스타에게 이렇게 말했다.

"나는 요구가 많은 사람이에요. 조수는 나만큼이나 연습 시간에 일찍 와야 하고, 악보를 속속들이 알아야 하고, 연습에 필요한 도구들을 미리 준비해야 해요. 어떤 춤에 어떤 음악이 나와야 하는지 확실히 알아야 하고, 연습실 비디오도 관리해야 합니다. 물론 그날 연습을 촬영한 비디오를 늦게까지 편집하는 것도 조수의 임무예요. 그리고 다음날 무용수들에게 소개할 모든 동작들을 미리 준비해야 해요. 이게 다가 아닙니다. 조수는 열정적이고 자발적이고 힘이 넘쳐야 해요. 언제 말을 해야 하고 언제 입을 다물어야 할지, 언제 자신의 의견을 내세우고 언제 그러지 말아야 할지도 알아야 하고요."

참으로 무시무시한 요구사항이었다.

"최선을 다하겠습니다."

그리고 크리스타는 훌륭히 자신의 역할을 다했다. 그러나 나는 모든 작업이 끝나기 전까지 그녀와의 작업이 얼마나 만족스러운지 말하지 않았다.

어느 정도 규모가 있는 프로젝트를 진행하면 조수가 필요한데, 그러면 단순한 관계(내 경우 무용수와 나 사이의 관계)가 복잡하게 변하게 된다. 조수와 일정을 짜면서 협력관계는 더욱 복잡해진다. 규모가 작은 일을 할 때는 무용수들과 열심히 연습만 하면 되지만, 규모가 커지면 위원회와 제작팀, 홍보 관계자와 행정 직원이 개입하게 된다. 하지만 그럴 때일수록 자신의 주관을 지키며 뚝심 있게 밀고 나아가야 한다.

나의 마지막 협력자는 무용수들이었다.

마이애미에 도착해서 처음 한 일은 빌렐라가 무용수들을 연습시키는 모습을 지켜보는 것이었다. 틀림없이 그들은 똑같은 훈련을 이미 수백, 아니 수천 번도 더 했으리라. 하지만 어느 누구도 지루해하지 않았고 이런 과정을 날마다 반복해야 한다는 사실을 잘 이해하고 있는 듯했다. 그들은 엄격하고 오랜 훈련 덕분에 온몸에서 힘이 넘쳐났다. 아름다운 여성 무용수들과 우아한 남성 무용수들의 긴 팔다리는 하나같이 완벽한 춤을 추기에 손색이 없도록 잘 준비되어 있었다. 그들은 수년 동안 하루도 거르지 않고 자신들을 훈련시키고 돌봐주는 트레이너와 코치, 선생들을 향해 깊은 존경과 감사를 품고 있었다.

사실 그들이야말로 내가 만들어갈 무대의 가장 중요한 재료였다. 내가 무언가를 해낼 수 있는 것은 이름도 없이 빛도 없이 묵묵히 일해주는 이 같은 협력자들 덕분이다.

우리가 하루에 쓰는 열량의 3분의 1을 차지하는 것은 눈의 움직임이다. 무언가를 쳐다보고, 눈을 깜빡이며 집중하는 것. 나는 무용수들이 연습하는 모습을 종일 주의 깊게 지켜봐야 하는데, 그럴 때면 눈이 사용하는 엄청난 열량을 실감한다.

협력의 첫 단계에서 나는 선입견 없이 '보려고' 노력한다. 좀 나이든 무용수 한 명이 눈에 들어왔다. 연약해 보이는 체구였지만 의외로 집중력이 대단했다. 그녀 바로 옆에서 좀더 어린 무용수가 침착한 태도로 연습복을 개키고 쌓아놓는 일을 돕고 있었다. 또 비율 좋은 몸매를 한 민첩하고 실력 있는 유연한 남자 무용수가 눈에 들어온다. 그는 틀림없이 머리가 좋을 것이다. 연습실의 다른 쪽에는 두 쌍의 쌍둥이 무용수들이 보인다. 사람들은 끝까지 누가 누구인지 확실히 구분하지 못하리라. 쿠바인 무용수들도 몇몇 있다. 그들은 함께 어울려 다니며 스페인어로 서로 이야기한다.

뛰어난 무용수들과 함께 하는 첫 연습은 언제나 흥미진진하다. 닥쳐올 도전들을 생각하면 가슴이 절로 뜨거워지면서 이런 생각이 든다.

'이들과 나는 같은 비전, 공통의 목적을 향해 몸을 던질 수 있을까?'

연습실은 행복한 장소다. 나는 무용수들을 몰아붙이며 탐욕스러울 정도로 완벽을 고집한다. 무용수들이 부상을 당하지 않도록 조심해야 하지만, 일정은 늘 지나치게 빡빡하기 마련이다. 게다가 코스텔로는 아직 단 한 곡도 보내주지 않았다. 어쩔 수 없이 나는 이미 발표된 그의 노래에 맞춰 안무를 짜기 시작했다.

연습을 시작한 지 2주일째에 나는 무용수들에게 이렇게 말했다.

"자신이 가장 좋아하는 라틴음악 음반을 가져오세요."

이런 주문을 한 이유는 두 가지다. 첫째, 자신이 좋아하는 음악에 맞춰 춤을 추면 훨씬 여유가 생기고, 따라서 최선을 다할 수 있다. 두 번째 이유는 심리적인 것이다. 음악을 직접 골라오면 무용수들은 이 작업에서 어떤 권한을 갖게 된다고 느낄 테고, 그런 감정은 그들의 생각을 내가 실제로 존중하고 있다는 믿음을 준다. 나는 이렇게 생각했다.

'나는 여러분이 작업에 적극적으로 기여하길 원하며, 내가 그렇게 생각한다는 사실을 알아주기를 바랍니다. 여러분은 나를 위협하지 않고도 내 꿈을 좀더 나은 모습으로 수정할 수 있습니다. 왜냐고요? 나의 꿈은 아주 원대하기 때문입니다. 조금 왼쪽으로 혹은 오른쪽으로 간다고 해서 꿈이 내 눈앞에서 달아나버리지 않으니까요.'

나는 영화 〈내일을 향해 쏴라〉의 후반부, 즉 부치와 선댄스가 볼리비아로 떠난 후의 장면을 좋아한다. 둘은 광산 인부들에게 줄 봉급을 호송하는 일을 맡는다. 사장은 선댄스가 총을 잘 쏘는지 궁금해했다.

"뭐든 쏠 수 있소?"

선댄스가 간단히 답한다.

"때때로요."

사장이 종이성냥을 던지며 말한다.

"쏴보게."

선댄스는 총을 쏘았지만 빗나간다.

사장은 얼굴을 찌푸린다.

"움직이면서 쏴도 될까요?"

사장은 어깨를 으쓱해 보이더니 조그마한 물건 하나를 던져준다.

선댄스는 쪼그리고 앉더니 방향을 획 돌려 총을 쏘았다. 모두 명중이었다.

"난 움직일 때 실력을 발휘하죠."

하나의 방법만이 존재하는 협력은 어디에도 없다. 그러니까 효과적인 방법을 찾으면 밀고 나아가라.

마이애미시립발레단과 일할 때의 일정표를 떠올려보자. 봄에 2주일 동안 무용수들과 연습을 하고 가을에 다시 5주일간 연습한다. 하루에 5시간씩, 그러니까 모두 175시간 동안 연습하게 된다. 그 정도면 연습하기에 충분한 시간이라고 할지 모르지만 그렇지 않다. 사실 매우 적은 시간이다. 하지만 무용수들이 잘 따라준 덕분에 빡빡한 일정 가운데 융통성 있게 연습을 진행해 나갔다.

그러나 한 가지 문제는 여전히 남아 있었다. 엘비스 코스텔로는 그때까지 단 한 곡의 음악도 보내지 않았다.

그리고 놀랄 만한 일이 일어났다. 코스텔로가 첫 번째 마감일을 어긴 것이다.

그게 다가 아니었다. 당시 코스텔로는 가족 문제로 골치 아픈 상황에 처해 있었다. 그는 첫 번째 연습 기간이 끝날 때까지 초안마저도 보내지 못할 것이라고 전해 왔다.

나는 절망했다. 코스텔로는 내가 마이애미에 머무는 동안 적어도 단 몇 곡이라도 보내주겠다고 약속했다. 대신 그는 이렇게 제안했다.

"우리가 처음 만났을 때 내가 가져온 그 미완의 곡들을 일단 사용하는 게 어떻겠습니까?"

나는 아직 모양도 갖추지 않은 그 곡을 다른 노래들과 섞어 사용했다.

나는 절망했지만 동시에 절망하지 않았다. 코스텔로는 프로였다. 나는 두 번째 연습이 시작되기 전까지 그가 틀림없이 곡을 보내올 것이라고 믿었다.

그러나 코스텔로는 두 번째 마감마저도 어겼다. 당시 그는 밥 딜런과 함께 다른 공연을 진행하고 있었다.

코스텔로는 게으른 사람이 아니다. 오히려 너무 많은 일을 했다. 나와의 프로젝트는 그의 수많은 스케줄에 위태롭게 얹힌 또 하나의 과제였다.

코스텔로는 아주 신사적인 태도로 우리의 협력관계를 중단하자는 제의를 해왔지만, 나는 그러고 싶지 않았다. 코스텔로를 놓친다면 발레단은 큰 타격을 입을 것이다. 이미 엄청난 액수의 투자를 받아놓았는데, 그 대부분이 코스텔로의 명성과 평판에 기댄 것이었기 때문이다.

"어떻게든 이 일을 해내야 합니다. 무사히 마치기만 한다면 선생에게도 좋은 일일 거예요."

코스텔로는 내 말을 받아들였다.

이때부터 우리의 가상협력 Virtual Collaboration 이 시작되었다.

상황은 변했다. 우리는 당면한 어려움을 받아들이고 새로운 해결책을 찾아야 했다. 전에 한 번도 써본 적이 없는 방법일지라도.

예컨대 이메일 같은 것이다. 나와 코스텔로는 문서와 비디오, MP3를 첨부한 이메일을 교환하며 협력관계를 수행해 나갔다.

인터넷은 14세기 구텐베르크의 활판 인쇄술 이래 생각을 전하는 가장 위대한 도구로 자리 잡았다. 인터넷을 쓰면서 사람들은 더 유능한 독자가 되었고, 더욱 효율적인 작가가 되었다. 그런데 그 과정이 대단히 자연스러워서 사람들은 자신이 '글을 쓰고 있다'는 사실마저도 인식하지 못하는 경우가 많다.

다른 모든 일과 마찬가지로 효율적으로 이메일을 작성하는 것 역시 습관이다. 협력의 규모는 중요하지 않다. 문제가 되는 것은 오직 내용과 그것을 명확하게 표현하는 일이다.

모든 글쓰기가 그렇듯이 이메일에도 성격이 드러난다. 당신은 시스템이나 기계를 향해 무언가를 주문하는 것이 아니라 결국 사람에게 글을 쓰기 때문이다. 당신은 무언가를 원하거나 의견을 전달하고 싶을 때 이메일을 쓴다.

거기에는 아주 조금이라도 개인의 특성이 스민다. 어쩌면 좀더 많이 스며들 수도 있다. 어쨌든 이메일을 쓰면서 억지로 인간성을 억누를 필요는 없다.

이메일을 통해 무언가를 얻으려면 먼저 상대방이 원하는 것, 즉 읽기 쉬운 이메일을 보내야 한다. 이메일의 시각적 형식 또한 중요하다. 너무 길게 이어진 문장은 보기 불편하므로, 읽기 쉽게 줄바꿈을 해주는 게 좋다. 전송 버튼을 클릭하기 전에 이메일에 최소한의 인간적인 향취가 스며 있는지 확인하는 일 또한 중요하다.

이 같은 이메일을 보낸다면 사람들은 수신함에 뜬 당신의 이름을 보고 먼저 따뜻한 미소를 지을 것이다.

그러나 아무리 따뜻하고 뜻을 명확하게 전달하는 이메일이라 해도 얼굴을 직접 맞대는 자리를 완벽하게 대신하지는 못한다.

사실 작곡가와 의사소통해야 하는 안무가에게 이메일은 이상적인 도구는 아니다.

그런데 나는 어째서 이메일을 통해서라도 코스텔로와 협력관계를 지속시키려고 했을까?

고집 때문일 수도, 어리석음 때문일 수도 있다. 신의를 지키고 싶어

서일 수도 있다. 협력관계를 청산할 만한 계약상의 권리를 행사할 기회가 여러 번 있었지만, 나는 한 번도 그것을 사용하지 않았고 그럴 생각도 하지 않았다. 물론 불편함을 느낀 적은 있었지만 단 한 번도 모욕을 낭하거나 존중받지 못한다고 느낀 적은 없었다. 무엇보다 나는 이미 그와 한 배를 탔다. 실패의 위험에도 불구하고 말이다.

협력관계는 크고 작은 교훈을 준다. 그리고 그 교훈은 항상 예상하지 못한 것들이다.

미국에 불교 수행법을 소개한 젠禪 마스터 순류 스즈키는 한 강연에서 다음과 같은 질문을 받았다.

"불교를 한 문장으로 표현해주십시오."

관객들은 웃음을 터뜨렸다. 불가능한 답변이라 생각한 것이다. 그러나 스즈키는 망설이지 않고 답했다.

"아, 어려운 일이 아니에요. 불교를 한 문장으로 표현하면 바로 이겁니다. 모든 것은 변화한다."

이것이 바로 우리에게 던져진 도전이다.

우리는 각자에게 익숙한 도구를 가지고 일정한 결과를 드러낼 방법들을 계획한다. 그리고 협력자가 나타난다. 제반 상황 또한 변화한다. 말하자면 새로운 게임을 시작해야 하는 것이다. 자, 이제 나와 상대방이 함께 즐길 새로운 방법을 고안할 수 있을까?

코스텔로와 나는 멀리 떨어진 상태에서 함께 일해야 했다. 나는 전에도 그런 적이 있었다. 1960년대 말에 나는 우루과이와 인도에 각각 떨어져 있는 두 명의 무용수들과 함께 일하기 위해 번거로운 과정을 거쳐 그들의 비디오를 입수하곤 했다.

그후 40여 년 동안, 나는 비디오 일기 형식으로 내 경력을 기록해왔다. 그렇게 하면 무용가와 안무가로서 나의 진화 과정을 남길 수 있을 뿐 아니라 귀중한 자료 또한 보존할 수 있다. 예컨대 춤을 출 때 사용했지만 무대에는 결코 쓰이지 못한 수많은 창작곡과 같은⋯⋯.

수년 전부터 녹화와 녹음을 해온 건 정말 다행스러운 일이었다. 나는 기계를 아주 잘 다루는 사람은 아니지만 그런 경험 덕분에(그리고 영화나 TV와 관련된 일을 해본 적이 있기 때문에) 꽤 쓸 만한 편집 기술을 익히게 되었다. 케이블과 위성 시스템의 도움으로 세계 어느 곳의 사람들과도 실시간으로 마주할 수 있는 오늘날과 같은 상황에서 이러한 기술은 대단히 유용했다.

코스텔로는 살인적인 스케줄과 좋지 않은 건강 상태에도 불구하고 지구 어느 곳에 있든지 밤낮으로 이메일과 MP3를 보내왔다. 나는 날마다 그에게서 음악 한 소절씩을 받았고, 그것들을 모아 발레의 전체 흐름을 잡기 위해 노력했다. 그리고 마이애미에서 촬영한 비디오에 코스텔로의 음악을 입혀보는 정교한 편집 작업에 매달렸다.

비디오 편집 프로그램과 MP3, 이메일 등을 이용해 나는 일종의 가상 춤을 창조해냈다. 다른 음악에 맞춰 마이애미에서 만들어낸 춤을 재편집해 코스텔로가 보내온 새로운 음악에 맞출 수 있었다.

두 번째 연습 기간에 맞춰 다시 마이애미로 돌아올 때까지 약속을 충실히 수행한 코스텔로는 발레에 사용할 전체 곡을 완성했다(그는 정말이지 놀라운 남자다).

크리스타가 첫 번째 연습 기간 동안 익힌 동작들을 무용수들과 거듭해서 훈련하는 동안, 나는 두 번째 연습 기간에 사용할 동작들을 준비해 왔다.

그렇다. 그 자리에 없는 상대와도, 다시 말해 파트너와 얼굴을 마주하지 않고도 협력이 가능하다. 그러나 가상협력이 항상 성공적인 것은 아니라는 사실을 기억하기 바란다.

물론 나와 코스텔로의 협력에도 몇몇 문제점들이 있었다. 첫째는 이메일이다.

누구나 공감하겠지만, 이메일상에서 우리는 간결하고 즉각적인 반응, 예컨대 예, 아니오와 같은 표현을 사용한다. 그러나 그 짧은 말만으로는 상대방의 진정한 의도가 무엇인지 알기 어렵다. 표면에 드러난 반응 뒤에 숨은 문맥을 설명해주지 않기 때문이다. 이메일의 그러한 특징은 지적인 복잡성을 평면화시키고 때로는 감정적 오해를 불러일으킨다. 예, 아니오와 같은 간결한 대답은 비즈니스에는 더없이 효과적이겠지만 예술에는 걸맞지 않다.

코스텔로는 대부분의 사람들보다 먼 거리를 사이에 둔 서신교환에 능했다. 음악을 한 소절씩 첨부하면서 재치 있고 유용한 메시지를 잊지 않곤 했다.

비디오 사용은 물론 도움이 되었지만 어떤 경우에는 그다지 성공적이지 못했다. 비디오를 보면서 나는 전체적 맥락과 진행 과정을 놓쳤고, 무용수들에게 다음과 같이 질문하는 능력을 잃어버렸다.

"흠…… 그렇게 말고 좀 다르게 해봐요."

그래서 나는 가상협력에 두 가지 감정을 품고 있다.

먼저 나는 기계가 자신만의 세계를 구축하고 점점 더 빨리 움직이라고 인간을 몰아세울까봐 두렵다. 게다가 기계와 인간의 관계가 상호적이지 않다는 점 또한 마음에 들지 않는다. 인간은 컴퓨터를 조정할 수 있지만 컴퓨터는 그럴 수 없다. 따라서 얼굴을 마주하고 해결해야 하는 문제들은 여전히 존재한다.

예술가들의 연습실, 과학자들의 실험실, 행정가들의 사무실을 직접 방문하는 건 늘 대단히 유용하다. 그들의 은신처가 어떤 곳인지 알게 되면 멀리 떨어져 협력하게 되더라도 감정적으로 서로를 이해하는 데 훨씬 도움이 되며, 이는 프로젝트의 성공에 기여한다.

쓰다 남은 고물과 폐품을 이용해 연주하는 걸로 유명한 도널드 낙은 내 첫 번째 원거리 협력의 파트너였다. 나는 버몬트 주에 있는 낙의 가게를 방문해 그가 재활용품을 이용해 악기를 만드는 모습을 지켜보았는데, 그 경험은 협력 작업에 많은 영감을 주었다.

다시 마이애미로 돌아오자.

초연을 3일 남겨두고 코스텔로가 도착했다. 그는 곧장 오케스트라 리허설 현장으로 달려갔고 몇몇 문제점들에 직면했다.

현악 파트는 웅장한 소리를 내기에는 규모가 너무 작았고, 사운드 시스템은 귀에 거슬리는 소리를 냈으며, 라틴 밴드의 몇몇 연주자들은 어려운 곡을 소화하기에 역부족이었고 조율이 필요한 악기도 있었다.

나는 현장의 객석에서 음악을 들었다. 하지만 음악에 관한 문제는 모두 코스텔로에게 맡기기로 다짐했다.

자, 아무리 강조해도 지나치지 않은 원칙이 하나 있다. 파트너의 문제에 관여하기 시작하면 자신의 문제에 대한 집중력을 잃게 된다. 물론 상대방의 문제에 간섭하고 싶은 충동이 종종 생길 것이고 그래야 마음이 편해

진다고 느낄 것이다. 하지만 그렇게 하는 순간 재앙이
닥쳐온다.

　나는 코스텔로의 영역을 침범하지 않았는데, 그건 내가 그를 도울 수
있는 최선의 방법이었다. 조명과 의상, 무용수들의 부상 등 내게는 풀
어야 할 문제들이 너무 많았다.
　나는 전체 프로그램의 연출가이긴 했지만 음악은 나의 영역이 아니
었다. 내가 할 수 있는 일은 코스텔로를 진정시키거나 장애물을 덜어주
는 정도였다.

이 장에서 기억해야 할 조언은 다음과 같다. 꼭 해야만
하는 의무 외의 조항에 절대 사인하지 마라. 다른 사람
의 전문성과 책임 영역에 간섭하고 싶은 충동을 억제
하라. 필요하다면 골치 아픈 상황을 주시할 필요는 있
다. 하지만 시간이 정말로 촉박하거나 도무지 해결책
이 없는 경우가 아니라면 절대 끼어들지 마라. 한 마디
로 다른 사람이나 상황을 지배하고 관리하려는 내면의
못된 충동을 결코 살려두지 마라.

총연습은 말 그대로 엉망진창이었다. 무용수들은 등장 타이밍을 놓쳤고, 일부 무용수들은 의상이 마음에 들지 않아 기분이 상했다. 중요한 역할을 맡은 남자 무용수 두 명이 부상을 입었지만, 그들은 공연에 나서기로 했나.

좋다.

좋다고? 그렇다. 왜냐하면 무용계의 전통상 마지막 리허설이 실수투성이면 초연은 성공을 거두기 때문이다. 물론 그 속설에 진심으로 의지하지 못했기 때문에 내 속은 타들어갔다. 스트레스를 받으면 리더는 오히려 침착해진다는 속설도 있는데 그건 낭설에 불과하다. 나는 그런 경우를 거의 보지 못했다.

하지만 나는 모범적인 사례를 보여주기 위해 노력했다. 긴장이 쌓이면 평소보다 더 많이 연습했다. 몸을 움직이면 걱정이나 불안이 사라지기 때문이다.

영화계에서는 촬영이 끝나면 파티를 연다. 무용계에서는 초연이 바로 그런 파티에 해당한다고 나는 생각한다. 발레는 의상을 갖춰 입고 조명을 받으며 분장과 머리를 손질하고 그 자리에서 연주되는 오케스트라 음악과 함께 할 때 비로소 끝나기 때문이다. 이때야말로 무대 위의 세계가 현실세계를 상대로 승리를 거두는 짧은 순간이다. 내게 그 순간은 소중하다.

초연 저녁에 열리는 갈라 파티 또한 중요한데, 마이애미에서는 바로 그 자리에서 기업들이 한 해를 책임질 후원금을 약속하기 때문이다. 대체로 난 그런 자리에 불편함을 느낀다. 찌푸린 표정을 숨기기 위해 애써야 한다. 내가 사교모임을 싫어해서가 아니다. 단지 공연이 막 끝난 후 밀려드는 흥분에서 아직 빠져나오지 못했기 때문이다.

그럴 때면 난 이렇게 소리 지르고 싶다.

"오늘 밤 여러분이 본 게 다가 아니란 말이에요!"

하지만 내 말을 듣고 싶어 하는 이는 아무도 없다.

내 협력자들도 예외는 아니다. 그러므로 스스로 그런 기분에서 빠져나오기 위해 분투해야 한다.

협력이 모두 끝난 후 열리는 기념행사는 한 개인을 위한 자리가 아닌, 참여한 모든 이들의 노력을 치하하는 자리다. 만약 당신이 팀의 리더라면 구성원 모두가 그 자리에서 인정을 받고 있는지 확인해야 한다.

그날 저녁 우리는 서로의 공을 치켜세워 주었다. 무용수들은 독특한 색감의 아이작 미즈라히(1990년대 '미국 패션을 이끌어갈 차세대 디자이너'로 꼽히며 전성기를 이룬 디자이너-옮긴이)의 의상을 무척이나 좋아했다.

엘비스 코스텔로는 결국 음악가와 무용수들이 즐길 만한 음악을 만들어냈다. 관객들은 우레와 같은 기립박수를 보냈다.

내게 파티는 공연의 연장이다. 이 자리에서 명사는 빛을 발한다. 코스텔로와 나는 테이블을 놀아다니며 후원사들에게 감사 인사를 선하고 함께 사진을 찍었다.

나는 코스텔로가 파티를 즐기는 모습을 보고 기뻤다. 일 년 반 동안 코스텔로는 이 작업에 참여하면서 동시에 공연하고 곡을 쓰고 가정도 충실히 지켜냈다. 그리고 한 아이의 아버지가 되었다. 파티장은 그를 보기 위해 몸소 달려온 유명인사들로 북적댔다.

발레 공연은 대성공을 거두어 제작사 역사상 가장 많은 수익을 안겨주었다. 하지만 갈라 관객들에게 무용수들의 새로운 춤과 스타와의 미팅 중 하나를 선택하라고 할 때 관객들은 예외 없이 코스텔로와의 팬미팅을 원했다. 스타를 기용하기 위해 큰돈을 지불하는 이유가 바로 여기에 있다.

엘비스 코스텔로는 이 사실을 잘 알았다. 그래서 밴드가 자신의 히트곡을 연주할 때면 곧장 마이크를 잡고 입을 열었다.

"우리 공연을 후원해주신 모든 분들께 진심으로 감사드립니다. 이렇게 후한 지원을 받은 공연은 아마 드물 겁니다."

그리곤 후원자들 아주 가까이까지 다가가 오직 그들만을 위해 노래를 불렀다.

공연이 끝나고 나는 조수 크리스타에게 이메일 한 통을 받았다. 그건 내게 최고의 보상이었다.

마이애미 관객들은 우리 공연을 정말 좋아했습니다. 일요일에는 글쎄 전체 관객이 막이 모두 내려간 후에도 서 있었답니다! 지금껏 그런 일은 한 번도 없었어요.
공연 내내 박수 소리가 끊이지 않았고, 입석 외에는 표를 구할 수도 없었습니다. 전에는 이렇게 큰 흥행을 기록한 적이 없었어요. 선생님 덕분에 우리 모두 진정한 예술가로 성장할 수 있었습니다. 많은 사람들이 이렇게 말했죠.
"그 공연은 정말 최고였어요!"
우리 단원 모두는 정말 큰 흥분과 짜릿한 기쁨을 맛보았어요. 우리가 선생님께 얼마나 감사하고 있는지 모르실 거예요.

크리스타 올림

추신: 세컨드 캐스트 second cast 역시 매우 멋질 거예요.

만일의 경우에 대비해 벤치에 앉아 있는 세컨드 캐스트가 무대에 나

가고 싶어 좀이 쑤셔하고 또한 완벽하게 준비되어 있다면, 그 작업의
협력관계는 깊고 강력한 것이다. 크리스타의 추신은 말하자면 최고의
찬사였던 셈이다.

We-Effect

새로움에 도전하라 _데이비드 번

> 미지를 향해 기꺼이 도전하면 끈끈한 유대를 형성할 수 있다.
> 아주 멀리 가본 사람만이 스스로 얼마나 멀리 갈 수 있는지 알 수 있다.

아예 서로 백지 상태에서 협력을 시작하는 편이 오히려 더 쉽다. 거기
에 어떤 그림을 그릴지 전혀 모르는 상태라도 말이다. 데이비드 번과
함께 작업할 때 난 그런 경험을 했다.

우리 둘 다 뉴욕에 살고 있었고 공통점이 아주 많았지만 아는 사이는
아니었다. 그러나 우리는 공통적으로 빌 그레이엄(독일 출신의 미국 팝음
악 기획자-옮긴이)을 알고 있었는데, 그레이엄은 나와 번을 자연스럽게
연결해주었다.

춤과 음악은 아주 긴밀히 연결되어 있기 때문에 록계의 대부인 빌 그
레이엄과 친구가 된 것은 지극히 자연스러운 일이었다. 1970년대 말에

나는 그레이엄을 처음 만났는데, 당시 록은 '운동'으로서의 성격을 점차 잃어가는 대신 비즈니스 성격이 강해지고 있었다.

그레이엄이 후원한 세 명의 천재들인 제니스 조플린과 지미 헨드릭스, 짐 모리슨은 힘든 삶을 살나가 젊은 나이에 세상을 떠났다. 그러나 그레이엄은 어떤 경우에도 좌절하지 않는 스타일이었다. 그레이엄은 음악가 중에서 데이비드 번을 특히 좋아했고, 나와 번이 성공적인 협력관계를 형성할 수 있을 것이라고 생각하고 만남을 주선해주었다.

데이비드 번은 도무지 카리스마 넘치는 록 스타처럼 보이지 않았고 오히려 어수룩한 아이 같았다. 실제로 그는 데뷔하기 전까지 평범한 학생이었다. 그러나 그가 이끄는 밴드 토킹헤즈Talking Heads는 뉴욕에서 가장 지적인 음악을 연주했다.

그러나 데뷔 이후 1981년까지 번은 쉴 새 없이 일해야 했다. 그는 영향력 있고 창의적인 프로듀서이자 음악가인 브라이언 이노와 함께 작업해 음악사적 가치를 지닌 〈유령의 숲에서 보낸 내 인생My Life in the Bush of Ghost〉을 발표했다. 그후 몇 달 뒤에야 우리는 비로소 만날 수 있었다. 번은 또 다른 실험에 열린 마음으로 임했다. 번은 자신의 긴장되고 모난 무대와 거의 아무런 공통점이 없는 무대를 만들어온 여성 안무가와 기꺼이 함께 일하려 했다.

번은 우리 무용단의 공연을 본 적이 없었고, 나 역시 그의 음악을 주의 깊게 들어보지 않았다. 우리는 그저 빌을 믿었고 의기투합해 〈캐서린 휠The Catherine Wheel〉을 제작했다. 번은 많은 아이디어를 제시했고, 나는 그의 도움을 톡톡히 받았다. 대단히 야심만만한 그는 서부 지역 출신 가운데 최초로 세계 무대에 투자한 젊은 음악가 중 한 명이 되었다. 번은 직접 노래 가사를 썼는데, 언어를 소리처럼 다룰 줄 알았다.

번은 함께 작업한 어느 누구보다도 기계와 새로운 기술에 관심이 많았다. 그는 무언가 뚝딱뚝딱 만들어내고 고치고 실험하는 걸 진심으로 즐겼다. 한번은 어떤 기자가 디지털 인쇄 전문가와 한 시간여 가까이 대화하는 번의 모습을 지켜본 적이 있다. 자신의 기존 사진을 고화질로 재생하는 방법에 대한 이야기를 나누면서, 번은 전문가가 늘어놓는 모든 용어들을 이해하며 시종 대화에 적극적으로 참여했다. 나는 새로운 정보에 대한 욕구가 이렇게 큰 사람을 본 적이 없다.

돌아보면 나는 참으로 다양한 색깔을 지닌 음악가들과 협력해 왔다. 밥 딜런은 시인이었다. 그의 입술에서 흘러나오는 말들은 정치적, 문화적 의미를 띠었다. 그보다 열세 살 어린 코스텔로는 밥 딜런과 마찬가지로 가사를 중심으로 곡을 썼지만, 그의 노랫말은 엄청난 에너지를 띤 음악과 결합해 물리적인 힘까지 뿜어낸다. 코스텔로와 동년배인 데이비드 번은 음악에 패션과 공동체, 기술력, 그리고 도시적 활기를 뒤섞는 길을 발견했다. 빌리 조엘은 대중에게 친숙하게 다가가는 위대한 재능을 타고난 음악가다. 평범한 삶을 사는 소시민의 가슴속에 어떤 이야기가 숨어 있는지 빌리 조엘만큼 잘 아는 사람은 드물다.

05

위기는 자발적 협력을 부른다

위기는 누군가를 탓하거나 실망하는 기회가 아니라, 협력하는 사람들의 힘을 모을 수 있는 기회다. 절체절 명의 순간, 사람들은 최고의 능력을 발휘하며 스스로 움직인다.

조직들은 규모가 크고 기반시설과 전통을 갖추고 있다. 무엇보다 생존에 대한 본능이 탁월하다. 대법원과 군대, 교회, 뉴욕 양키스를 생각해보라. 이들이 자영업자나 예술가보다 훨씬 힘이 센 것은 당연한 이치다.

우리 모두는 이 사실을 알고 있다. 하지만 실제로 개인이 조직과 일할 때 반드시 피해야 할 상황들이 너무나 자주 펼쳐지기 마련이다. 화가 난 다윗이 새총을 집어 들고 골리앗은 신발 끈을 조인다. 바야흐로 전쟁이 시작된 것이다.

왜 이런 일이 일어날까? 오랜 시간 여러 조직을 관찰해온 베스트셀러 작가 세스 고딘은 이렇게 적고 있다.

"거의 예외 없이 조직을 운영하는 사람들은 기존의 사업을 보호하려 하며, 새로운 사업을 발전시키려는 이는 드물다."

생존의 위협이 다가오지 않는 한 조직은 변화에 저항하며 현재의 상태를 지키려 한다. 조직에 속하지 않은 이들은 아웃사이더다. 지킬 것이 별로 없기에 그들은 도전하려는 경향이 강하다.

사람들은 예술가들을 기존의 규칙이나 전통에 저항하는 낭만적인 존재로 생각한다. 미켈란젤로와 바티칸, 모차르트와 교회(그리고 군주제), 고흐와 기존 예술계의 관계를 떠올려보라. 베토벤은 대부분의 주변 사람들과 불화했다. 그러나 바흐와 하이든, 셰익스피어, 루벤스 같은 이들도 있다. 그들은 거대 조직과 조직이 제공하는 지원을 이용해 엄청난 일들을 해냈다. 조직의 압박에 눌리지 않으면서 말이다. 겸손하게 몸을 낮추면서도 원하는 것을 얻어냈다. 다시 말해 그들은 탁월한 정치력의 소유자였다.

1999년에 르브론 제임스는 전학 간 고등학교의 농구 팀에 들어가면서 이와 비슷한 교훈을 얻었다. 세인트빈센트-세인트메리고등학교는 엄격한 규율과 기준을 자랑하는 탄탄한 기반의 학원재단이다.

제임스는 단순한 전학생이 아니었다. 거의 백인으로만 이루어진 사립학교에 들어간 흑인이었기 때문이다. 하지만 제임스는 학교에 혼자

오지 않았다. 농구에 대한 열정을 지닌 소년들의 모임인 '팹포'의 멤버들과 함께 왔다. 제임스는 얼마 안 있어 새로운 학교에 적응했고 농구팀이 전국대회에서 우승하는 데 주도적인 역할을 했다.

그러나 제임스와 팀이 우승할 수 있었던 진짜 이유는 그들이 세인트빈센트-세인트메리고등학교에 속해 있었기 때문이다. 그 학교는 모든 학생들에게 명확하고 예외 없는 기준을 적용했다.

열다섯 살짜리 흑인 농구 유망주는 규율이 엄한 학교와 만났다. 학교의 교육방법은 건전했고 학생들은 공동의 목표를 지녔다. 그러니 어찌좋은 결과를 내지 않을 수 있겠는가? 지금 제임스는 NBA에서 유명 선수로 활동하고 있다.

나는 30여 년 동안 아메리칸발레시어터와 일해왔다. 그 사이 경영진이네 번 바뀌고 무용수들은 세 차례에 걸쳐 세대교체 되었다. 2008년, 열여섯 번째 공연을 위해 그곳을 다시 찾았을 때, 나는 2000년 마지막 공연이후 많은 것이 달라졌다는 사실을 깨달았다.

나는 아마 너무 많은 걸 알게 된 것인지도 모른다. 아메리칸발레시어터는 소속 무용수들을 키워주는 곳이다. 그곳에서 데뷔할 당시, 나는 엄청난 재능을 지닌 스타 바리시니코프와 공연했다. 그후에는 발레단의 대표 무용수 두 명과 함께 했다.

아메리칸발레시어터와 오랫동안 함께 일해 오면서 나는 그곳의 사정을 속속들이 알게 되었다. 즉 발레단의 재원을 최대한 활용하는 방법을 골똘히 생각하게 된 것이다. 또한 그곳의 막대한 자금과 끊임없는 후원 모금 활동을 민감하게 인식해야 했다.

이메리긴빌레시이디는 메드로폴티단 오쎄타하우스에 올딜 내규노 공연을 원했다. 연습 스케줄을 짜는 순간부터 나는 연습에 들어갈 비용에 지나칠 정도로 신경 썼고, 비용을 최소화하기 위해 전체 발레를 마치 레고처럼 몇 개의 부분으로 쪼갰다. 이들 조각은 나중에 하나의 장면으로 합쳐질 것이다.

이는 발레를 구성하는 아주 특이한 방식이다. 결국 발레는 실시간으로 공연될 것이기 때문에 구성 역시 실시간으로 하는 것이 최선이다. 그러나 이번 공연은 연습은 각자의 공간에서 따로 이루어지고 필요한 장면들은 그림과 컴퓨터의 도움을 받아 처리될 것이다.

마이애미에서처럼 나는 음악이 나오기 전부터 무용수들과 함께 연습했다. 이번에는 일이 조금 더 쉬워질 거라 낙관했는데, 그 이유는 대니 엘프먼이 음악을 맡았기 때문이다.

엘비스 코스텔로와 마찬가지로 그 역시 한때는 직접 무대에 섰다. 그는 한때 '오잉고보잉고Oingo Boingo'라는 록 밴드의 리더였고, 작곡가로 전업한 후에는 엄청난 판매고를 올리는 곡들을 쓰고 있다. 만화영화 〈심슨네 가족들〉의 테마곡과 영화 〈미션 임파서블〉 〈배트맨〉을 비롯한 팀 버튼 감독의 대부분의 작품들, 〈맨 인 블랙〉 〈굿 윌 헌팅〉의 사운드

트랙이 모두 그의 손에서 나왔다.

영화감독들은 되도록 빨리 영화음악의 느낌을 전달받고 싶어 한다. 많은 돈을 들여 녹음하기 전에 사운드트랙이 어떤 분위기인지 파악해야 하기 때문이다.

작곡가의 머릿속에 들어 있는 영화음악을 감독에게 비교적 정확하게 전달해주기 위해 엘프먼은 디지털퍼포머라는 복잡하고 섬세한 음악 소프트웨어 사용법을 완벽하게 익혔다.

프로그램 자체도 대단히 유용했지만, 내가 더 높이 평가한 것은 그의 엄청난 에너지와 열정이었다. 만약 수혈해야 하는 일이 생긴다면 그에게 먼저 달려가길 바란다. 그러면 당신 몸에도 열정의 피가 흐를지 모르니까.

그는 지독한 일벌레다. 첫 미팅 때 그는 열 개의 곡이 담긴 CD를 건네주며 이렇게 말했다.

"아직 그저 아이디어에 불과한 것들이에요."

그리곤 이렇게 물었다.

"어때요? 춤으로 옮길 만한 것들인가요?"

나는 이렇게 답했다.

"머릿속의 생각과 발끝의 생각은 아주 다른 경우가 많아요."

2007년 여름, 나는 그의 질문을 붙들고 씨름하기 시작했다. 나는 아메리칸발레시어터의 네 명의 무용수들과 함께 연습에 들어갔다. 2주만에 코러스에 맞춰 주인공이 출 춤의 상당 부분이 완성되었다.

가을에 두 번째 연습이 시작되었다. 이때는 하루에 두 시간씩 부수석 무용수인 헤르만 코르네조와 함께 일했다. 그리고 두 쌍의 수석 커플과 연습할 시간도 생겼다. 이때 몇몇 사랑스러운 춤들이 나왔고, 나는 이듬해 시작할 세 번째 연습에 대한 기대감을 품었다. 물론 나는 모든 연습 과정을 비디오로 촬영했다. 조각난 부분들을 한데 모아 연습할 때를 대비한 참고자료였다. 그리고 이 영상을 편집하는 데 많은 시간을 할애했다.

1월에 나는 각 부분들을 한데 모으기 시작했다. 엘프먼은 수차례 연습에 참여해 음악을 손봤다. 나는 작업이 거의 끝나간다고 생각했다.

비디오 화면 상에서 춤은 훌륭해보였다. 하지만 각각의 조각들을 실시간으로 끼워 맞추는 일은 쉽지 않았다. 연습 기간에 부상을 입은 무용수들이 빠졌기 때문이다. 결국 실제로 모든 무용수들이 같은 시간, 같은 장소에 모여 맞춰보지도 못한 채 연습 기간은 끝나버렸다.

레고 접근법은 분명 선견지명이 있는 것이었다(가상 발레Virtual Ballet를 제작하는 이들은 내 말에 공감할 것이다). 하지만 내가 올려야 할 공연은 가상 발레가 아닌 진짜 발레였다. 함께 모여 연습을 하고 메트로폴리탄 오페라하우스 무대에 서야 하는 진짜 공연 말이다.

사람들은 회의적인 시선을 보냈다. 나는 눈으로 보고 확인하지 않은 것은 믿지 않는 사람이다. 나는 이번 공연에 가능성을 느꼈고 이미 촬영한 비디오가 마음에 들었지만, 실제 무대에 옮겼을 때 과연 어떤 모습일지 신경이 쓰이기 시작했다.

신경이 쓰였다고? 그보다는 걱정했다고 하는 편이 정확하다. 첫 번째 캐스트에 구멍이 생기고 대체할 사람이 없었을 때 난 작업을 그만둘 수도 있었다. 계약서상 내게는 그런 권리가 있었다. 하지만 앞에서도 말했듯이 나는 어떤 위기 앞에서도 그 조항을 결코 사용하지 않았다.

나는 스스로에게 이렇게 말하곤 했다.

'예술이란 환상과 현실의 협력이다. 그리고 현실이란 언제나 문제투성이기 마련이다.'

이런 생각으로 난 눈앞의 혼란과 맞섰다. 혼란 앞에 무릎 꿇을 수는 없었다.

안무가로서 내 과제는 무용수들을 데리고 어떤 상황에서든 최고의 결과를 내는 것이다. 연출가, 즉 공연의 책임을 맡은 사람으로서 내 과제는 문제 해결을 도울 수 있는 최고책임자가 누구인지 아는 것이다. 최고책임자가 조직에서 아주 높은 자리에 있는 사람이고 나와 협력하기로 결정한 사람이면 더욱 이상적이다.

충분한 권한을 갖지 못한 사람에게 문제 해결을 요청하는 건 쓸데없는 일이다.

조프리에서 최고책임자는 무용단의 설립자였다. 하지만 이곳에서는 누가 그 역할을 할 수 있을지가 불분명했다. 규모가 훨씬 컸을 뿐 아니라 조직의 구조와 우선순위가 상대적으로 명확하지 않았기 때문이다. 아메리칸발레시어터에서 높은 자리에 있는 사람들은 경험에서 우러나온 현명한 표정을 지으며 이렇게 말했다.

"일단 무대에 서면 무용수들은 길해낼 겁니다."

지금까지의 실적으로 보자면 그들의 견해는 타당했다. 하지만 난 확신할 수 없었다.

예술감독인 케빈 매켄지는 무용수들의 상태를 알려주기 위해 날마다 전화를 걸어주었다. 지배인인 데이비드 랜스키는 젊은 친구인데(내가 이곳에서 처음 데뷔했을 때 그는 아기에 불과했다) 연습과 공연에 필요한 물품들을 조달하느라 쉴 새 없이 창고를 오갔고 고된 일도 마다하지 않았다.

이 모든 빽빽한 준비 과정 속에서 디자이너 노마 카말리는 차분하게 무용수들이 입을 섬세한 의상들을 제작했다.

협력을 시작하기 전, 나는 늘 활용할 수 있는 자원이 무엇인지, 그리고 조직이 그것을 제공해줄 수 있는지 일일이 확인한다.

우리 공연 〈토끼와 로그Rabbit and Rogue〉에서 로그는 토끼를 쫓는다.

116

나의 가장 큰 고민은 로그를 맡은 에단과 토끼를 맡은 허먼을 성공적으로 결합시키는 일이었다. 따로 떨어뜨려 놓고 볼 때 둘은 정말 환상적이었다. 에단은 발레 기술에 정통하고 목적지향적이며 영감에 넘쳤다. 그보다 여덟 살 어린 허먼은 놀라운 운동신경의 소유자였고 어려운 기술도 척척 소화해냈다. 둘이 함께 하는 모습을 한번 떠올려보라!

많은 여성 무용수들이 부상을 입었다. 악화된 경제 사정으로 연습 기간은 줄어들었지만, 수지를 맞춰야 하는 발레단은 〈토끼와 로그〉 외에도 아홉 개의 공연을 더 무대에 올려야 했다. 그건 정말이지 살인적인 일정이었다.

엘프먼에게도 문제가 있었다. 연습을 시작했을 때, 그는 음악가들이 디지털퍼포머의 음악을 능숙하게 연주하지 못한다는 사실을 발견했다. 프로그램의 음악을 실제 연주로 옮기는 과정은 매끄럽게 진행되지 못했다.

그러나 엘프먼과 나는 사소한 문제로 연주자들의 사기가 꺾여서는 안 된다는 사실을 잘 알았다. 연주자들이 자신감을 갖고 무대에 설 수 있도록 보호해야 했다.

엘프먼은 조급해하지 않았고 세 번째 연습 때까지는 오케스트라가 곡을 완전히 익힐 것이라고 생각했다. 하지만 나는 그보다는 덜 낙관적이었고 좀더 현실적이었다.

마지막 순간에 빠지는 사람이 생길 것이 뻔했고, 대체된 연주자는 지휘자와 함께 연습한 경험이 없을 터였다. '탁월하고 오차 없는' 무대라는 목표를 내려놓아야 할 때가 온 것 같았다.

'끝까지 해냈다는 사실 자체가 아름답다'는 새로운 목표가 그럴 듯해 보이기 시작했다.

누구도 결과를 확실하게 예측하지 못했다. 우리가 사용한 섬세한 기술 프로그램 때문에 정작 연주자들과 무용수들이 빛을 잃게 되는 것은 아닐까?

나는 1월 연습 기간에 엘프먼의 디지털퍼포머에 비디오를 합성했는데, 아마도 그것이 우리 작업 중 최고의 결과물로 남을 것 같았다. 가상의 시도가 현실을 압도해버린 걸까? 엘프먼과 나는 현실이라는 토끼를 쫓은 몽상가로 남게 되는 걸까? 설혹 우리가 초안이라고 생각했던 것이 최선의 결과물이었다 해도 거기서 멈출 수는 없었다. 어쨌든 끝장을 봐야 했으니까.

더 이상 나빠질 상황이 또 있을까?

아메리칸발레시어터는 메트로폴리탄 오페라하우스 무대에 초연 작품들을 올리기 시작했다. 거의 모든 수석 여성 무용수들이 부상을 입었고, 메트로폴리탄 무대는 공연 스케줄로 꽉 차 있었기 때문에 나는 열흘 동안의 리허설조차 제대로 할 수 없었다. 누가 무대에 설지도 확정되지 않은 채 마침내 첫 공연이 다가왔다.

다가올 명백한 재앙을 생각하며 나는 초연 전날 잠을 제대로 이루지 못했다. 총연습은 무난히 진행되었다. 비록 무용수들의 몸은 무거웠고 연주는 산만했지만.

아마도 팔로마 헤레라는 무대에 서지 못할 터였다. 그 사실은 헤레라와 나, 아니 다른 모든 사람들을 지독히도 실망시켰다.

헤레라와 나는 아주 오랜전부터 함께 일했다. 17년 전, 그녀가 아메리칸발레시어터에 입단한 이래, 나는 헤레라를 위해 모두 네 편의 발레를 만들었다. 이번 공연 역시 헤레라를 생각하며 기획한 것이었다. 가없은 케빈은 오늘도 내게 전화를 걸어와 부상당한 무용수와 그들을 대체할 인력에 대해 보고했다.

초연 당일, 언제나처럼 공연을 축하하는 카드와 꽃다발이 쇄도했다. 어떤 팬은 커다란 화환을 보내왔다. 우리는 누구 하나 긴장된 표정을 숨기지 못했다.

나는 마음을 비우기로 했다. 결국 일어나야 할 일은 일어나리라. 깊게 숨을 내쉬었다. 지난 일 년여 동안 준비하며 그려왔던 무대는 결국 오늘 내 눈앞에서 펼쳐지지 못할 터였다.

막이 올라가고 에단이 무대에 모습을 드러낸다.

세상에! 조명이 그를 제대로 비추지 못한다. 하지만 두 번째 공연에서는 좀더 잘할 수 있겠지.

에단이 퇴장한다. 아주 놀라운 토끼인 허먼이 무대 뒤편에서 달려 나온다. 그는 아름답고 탄력 있으며 믿을 수 없을 정도로 빠르다. 에단이

다시 등장하고 추격전이 시작된다. 내 입에서 절로 탄성이 나왔다.

사중주가 울려 퍼진다. 이 곡은 비디오에도 없었고 1월 연습 기간에 맞춰보지도 못한 것이었지만, 그럼에도 불구하고 힘에 넘쳤다. 음악은 극의 시작을 알리면서 등장인물들을 하나로 묶는다.

앙상블이 시작되었다. 나는 재빨리 무용수들이 몇 명인지 세었다. 남자 여덟, 여자 여덟. 좋았어!

그 가운데 한 명은 오늘 급히 대신 들어온 여성 무용수였다. 당연히 함께 맞춰볼 시간도 없었을 것이다. 그러나 여러 번 호흡을 맞춰본 사이라면 이번 무대도 별 탈 없이 넘길 수 있을 것이다.

나는 계속 무대 위를 지켜보았다. 그때 놀라운 일이 일어났다. 팔로마 헤레라가 무대 중앙에 나와 춤을 추기 시작한 것이다. 막이 올라간 후에도 나는 그녀가 무대에 서리라는 사실을 알지 못했다. 나는 두 명의 다른 무용수들을 연습시켰고 그들 중 한 명은 곧잘 했지만 어딘지 모르게 어색했다. 그런데 지금 무대에 헤레라가 서 있다!

오직 무대 뒤의 무용수와 스태프들, 그리고 관객석 앞줄에 앉은 우리 몇 명만이 헤레라의 등장이 얼마나 용기 있는 행동인지 알리라. 우리는 뜨거운 격려의 박수를 보내고 싶은 마음을 억누르며 긴장감 속에서 숨을 깊이 들이마셨다. 그녀는 과감한 용기와 경험에서 우러나오는 연기를 보여주었다.

헤레라는 불가능한 동작들을 숨기는 법과 자신이 잘할 수 있는 동작을 강조하는 법을 아주 잘 알았다. 그녀는 환한 얼굴로 극적인 무대를 만들어냈다. 더 큰 부상을 당하지 않으면서 말이다.

협력하는 과정에서 동료를 기운 빠지게 하고 싶은 사람은 없을 것이다. 위기의 순간에 오히려 힘을 모을 수 있다. 절체절명의 순간에 사람들은 움직인다.

이런 종류의 승리의 순간은 운동 경기에서 자주 볼 수 있다. 야구팬이라면 LA 다저스와 오클랜드 애슬레틱스의 1988년 월드시리즈를 기억할 것이다. 당시 다저스의 간판스타인 커크 깁슨은 경기에 참가할 수 없는 상태였다. 장염과 다리 부상에 시달리고 있었기 때문이다.

월드시리즈 전날, 그는 무릎에 붕대를 감고 잠들었다. 아침에는 걸을 때마다 무릎에 엄청난 통증을 느꼈다. 경기 내내 그는 얼음찜질을 하며 트레이닝룸에 있었다.

"그만 집에 돌아가요."

경기에 나갈 가망이 전혀 없다고 생각한 깁슨이 아내에게 말했다.

바로 그때 기회가 찾아왔다. 9회 말 투아웃 상황, 다저스는 가까스로 득점 찬스를 얻었다. 깁슨은 이렇게 중얼거렸다.

"팬들의 함성이 들려. 고통은 느껴지지 않아."

깁슨은 절뚝거리며 타석에 들어섰다. 여섯 번째 공이 들어왔고 그는 배트를 휘두르지 않았다. 그보다는 공이 오는 방향으로 배트를 던져버렸다는 표현이 더 적절할 것이다.

그는 엄청난 힘을 발휘했고 배트는 공을 제대로 맞췄다. 공은 멀리멀리 날아가 펜스 너머로 사라졌다. 그는 다리를 절며 천천히 베이스를 돌았고 영웅이 되었다.

공연을 마치고 나는 헤레라를 비롯한 무용수들이 기쁨에 겨워하는 모습을 지켜보았다. 아픈 다리를 절뚝거리며 그들은 눈물을 흘리며 좋아했다. 공연이 끝나면 위대한 무용수들은 이런 복잡한 감정을 맛보곤 한다. 안무가는 이런 순간에 그들에게 어깨를 빌려준다.

우리는 함께였다. 모든 무용수와 스태프들, 후원자, 그리고 그들의 부모들까지. 공연에 참여한 사람들뿐 아니라 발레단 전체가 하나가 되었다. 케빈과 데이비드는 나와 무용수들, 아메리칸발레시어터, 그리고 우리가 지킨 전통을 위해 축배를 드는 파티를 마련해주었다. 우리는 해가 지나도 변함없이 공연에 최선의 노력을 기울였다.

나는 낙심할 수도 있었다. 일이 꼬일 때 여러 번 실망감을 드러내기도 했다. 다른 사람을 탓하고 싶은 충동 또한 느꼈다. 물론 엘프먼이 사용한 프로그램에는 결함이 있었다.

그러나 좋든 싫든 그것 역시 우리 작업의 일부였으며, 우리는 실망을 통해 교훈을 얻곤 한다.

아메리칸발레시어터처럼 풍부한 자원과 뛰어난 무용수를 지닌 곳은 없다. 〈토끼와 로그〉의 제작을 기꺼이 후원해줄 조직 또한 이곳밖에 없을 것이다.

공연을 촬영한 비디오를 돌려보면 많은 부분에서 실수가 보인다. 그러나 몇 가지 문제점이 있더라도 발레는 여전히 계속된다. 설혹 무대에서 사라지더라도 역사는 기억할 것이다.

어쩌면 비디오와 결합된 발레는 미래를 위한 새로운 방법론이 될 수 있다. 물리적 세계가 요구하는 현실적인 협력과는 다른 잘 구성된 가상의 예술을 통해서 말이다.

아마도 나중에 나는 〈토끼와 로그〉를 다르게 해석할 수도 있다. 그때가 되면 기술이 좋아져서 로그와 토끼의 움직임을 더욱 완벽한 것으로 만들 수 있을지도 모른다.

아메리칸발레시어터와의 협력은 새롭지만 고통스러운 교훈을 남겼다. 모든 이들이 새로운 기술과 관련된 문제들을 경험했다. 따라서 첫 번째 교훈은 인내다.

변화는 외부인이 갈망하는 것만큼 빠른 속도로 진행되지 않는다. 조직 바깥에 있는 그들의 피는 끓어오르고 꿈을 이루고 싶어 조급해한다. 살아남아야 하기 때문에 그들은 빠르게 움직이고 융통성을 발휘한다.

반면 조직은 느리고 현실적이다. 그러나 외부인과 조직이 만나 협력하면 결국 변화가 찾아온다.

다른 한 가지 교훈은 좀더 개인적인 것이다. 앞에서도 말했듯이 나는 힘께 일할 조직에 대해 너무 많이 알고 있었다. 아메리칸발레시어터라는 조직의 우선순위와 자원에 대한 지식은 내가 창조적인 선택을 하는데 영향을 주었다. 그곳에서 일한 경험을 모두 잊어버리고 마치 처음 온 손님처럼 행동했다면 더 좋은 결과물이 나왔을 것이다.

조직과 처음 협력할 때 오히려 일은 쉬워진다. 전례가 없다면 눈앞의 상황을 더 잘 볼 수 있다. 그러나 함께 일한 경험이 있다면 쓸데없는 방해물을 떨쳐버리기 힘들다.

전에 함께 일했던 조직과 다시 일하게 된다면 마치 그곳에 처음 온 사람처럼 행동해야 한다. 새롭게 등장한 문제를 직시하라. 결코 묵은 문제들을 위한 오래된 해결책에 의존하지 마라. 과거에 얻은 교훈을 현재에 적용할 때는 신중함을 잃지 말아야 한다. 한 번 흐른 강물은 돌아오지 않는다는 사실을 기억하라.

골치 아픈 갈등과 갖가지 문제들에 대한 노엘 코워드(영국의 극작가이자 가수-옮긴이)의 조언은 여기에도 적용된다.

"문제에 매달리지 말고 문제 위에 서서 내려다보라."

마치 아무런 문제도 없는 것처럼 여유 있고 자신감 있게 행동하라는 뜻일 테다.

자신만의 스타일은 협력의 좋은 무기다 _ 노마 카말리

> 협력은 내면적인 것이 될 수도 있다. 다른 사람의 말을 주의 깊게 듣고 자기 자신과 조용하고 사적인 대화를 나누는 것도 협력의 한 형태다.
>
> 돈과 관객은 강력한 동기부여제가 되지 못한다. 최고의 결과물에 대한 당신의 감각이 무엇보다 강력한 동기를 부여할 것이다.
>
> 당신이 아는 것이 사실이라고 믿는다면 협력자와 다투는 걸 두려워해서는 안 된다.

노마 카말리에 대한 첫인상을 묻는다면 난 이렇게 답할 것이다.

"그녀는 강하고 독창적이고 관습 파괴적이었습니다. 이상적인 협력자는 아니었죠. 확실히 그녀는 오랜 시간 홀로 일해 왔어요."

그녀는 패션디자이너가 되기로 마음을 먹고 먼저 항공사에 취직했다. 잠시 꿈을 접은 것이냐고? 절대 아니다. 주말마다 카말리는 고작 29달러(약 3만 3000원)밖에 되지 않는 직원가로 런던으로 날아갈 수 있었다. 1960년대에 런던의 패션계는 아주 유쾌하게 창조적이었고, 카말리는 주말마다 친구들에게 줄 옷을 잔뜩 짊어지고 뉴욕으로 돌아왔다. 얼마 후 그녀는 새로운 스타일을 만들어내기 시작했다. 카말리는 비록 그림을 그리거나 바느질을 하지는 못했지만 가게를 열었다. 그리고 그곳에서 자신이 디자인한 옷들도 함께 팔았다. 그녀의 옷은 영국에서 들여온 옷보다 더 많이 팔렸다. 이렇게 독특한 경로로 카말리는 디자이너가 되었다.

여성들은 카말리의 옷에 열광한다. 자신만의 스타일을 살려주면서 대단히 실용적이기 때문이다. 40년이 지난 지금도 이 점이 카말리가 성공한 핵심 요소다. 경력을 쌓아오는 내내 그녀는 사업 파트너나 투자자 없이 혼자 일했다. 그렇다면 그녀는 어떻게 협력했을까?

카말리는 눈에 보이는 방식으로 협력하지 않았다. 그녀는 관찰하고 듣고 기억한다. 그리고 디자인 작업을 하면서 고객의 욕망을 반영한다. 이렇듯 조용하고 사려 깊은 작업 방식은 시간을 절약하고 쓸데없는 감정 소모를 줄인다. 이런 방식으로 그녀는 처음부터 제대로 감을 잡는다. 덕분에 카말리는 동시에 여러 프로젝트를 수행할 수 있었다. 만약 그녀가 어떻게 일하는지 잘 모르는 사람이라면 틀림없이 이런 생각을 하리라.

"음…… 분명 꽁꽁 잠가놓은 다락방에 조수들을 숨겨두고 있는 게 틀림없어."

그녀는 다양한 영향력을 지닌 조용한 협력자다. 카말리는 타고난 창조성과 함께 패션의 다양한 영역을 아우르는 감각을 지녔다. 1960년대에는 핫팬츠의 유행을 주도했고, 1970년대 초반에는 허벅지를 강조하는 수영복으로 찬사를 받았다. 1975년, 그녀는 침낭을 연상시키는 디자인의 코트를 출시했다. 1970년대 말에는 당대 최고의 섹스심벌이었던 파라 포셋이 거의 모든 포스터에 입고 등장한 붉은색 수영복을 디자인했다. 1901년에는 스웨드 셔츠와 앙털을 씌은 친으로 만든 맵시 있는 옷들을 선보였다.

카말리는 패션계의 트렌드를 영리하게 파악하는 눈을 지녔다. 1980년대 초, 그녀는 패션쇼 무대보다 패션 비디오를 제작하는 편이 더 현명하다는 판단을 내렸다. 시간이 지나면서 그녀의 활동 영역 또한 사방으로 뻗어나갔다. 뉴욕의 미술대학에서 예술과 디자인을 강의하는가 하면 무용수들을 위한 의상을 제작하기도 했다.

함께 일하면서 나는 그녀의 세심함과 실용적인 접근법에 항상 경탄하곤 했다. 카말리는 전체 디자인을 해치지 않으면서 각각의 무용수들에게 최대한 어울리는 의상을 입히기 위해 애썼다. 그녀의 의상은 시간을 초월하는 가치를 지닌다.

최근 카말리는 월마트와 손잡았다. 그곳에서 카말리의 드레스는 약 21달러(약 2만 4000원), 바지는 약 17달러(약 2만 원) 정도에 팔린다. 이런 가격으로는 대부분의 디자이너들이 좋은 품질의 옷을 생산하지 못한다.

하지만 카말리는 품질을 떨어뜨리지 않고도 그 가격에 물건을 제공할 수 있는 제조법을 월마트에 알려주었다. 그녀는 타협하지 않았고, 월마트는 카말리와 싸우는 것보다 협력하는 편이 낫다는 사실을 깨달았다. 지난 40여 년간 그녀와 일했던 다른 모든 사람들과 마찬가지로 말이다.

〈뉴욕타임스〉 보도에 의하면, 뉴욕 웨스트베리에 위치한 월마트에서 카말리의 새 브랜드 NK가 모습을 드러내자 고객들이 구름처럼 모여들었다. 여성들은 영수증에 사인을 해달라며 달려들었고 카말리는 기쁨의 비명을 질렀다고 한다.

06

사공이 많아야 산도 오를 수 있다

불특정 다수와 협력하고자 할 때는 상대에게 가능한 아주 가까이 다가가야 한다. 이들과의 협력은 언젠가 싹을 틔우길 바라면서 무작위로 씨를 뿌리는 것과 비슷해서, 시작은 미약할 수 있지만 미치는 영향력은 매우 크다.

세 개의 텔레비전 방송국, 몇 안 되는 영화사, 뉴욕 타임스퀘어 근처의 수십 개의 극장이 있던 시절로 돌아가 보자. 그 당시 우리는 '관객'을 마치 유일한 것인 양 이야기했다. 물론 약간 비주류의 문화였고, 주류 매체에 비해 관객이 다양하지는 않았지만 말이다. 당시 미국인 대부분은 일요일 저녁 〈에드 설리번 쇼 The Ed Sullivan Show〉에 등장하는 스타들을 알고 있었고, 토요일 저녁에 방영되는 TV 영화에 대해서는 해박한 지식을 자랑했다.

그러나 상황은 달라졌다. 오락 역시 각자의 취향에 따라 그 즉시 주문해 즐길 수 있는 시스템이 되었다. 취향에 따라 나눠진 관객들은 공동체에 대한 기존의 인식마저도 산산조각내고 있다. 서로 직접 만난 적은 없지만 비슷한 취향을 지닌 사람들을 위한 가상 집단이 공동체에 대한 새롭고 적합한 정의가 되었다. 인터넷에 자리 잡은 수많은 종교 모임과 동호회, 정치 집단을 떠올려보라.

또 다른 프로젝트를 위해 뉴욕을 떠나면서 나는 그동안 해온 작업을 주제로 대중 강연을 하고 싶었다. 강연을 통해 여러 사람들을 만나고 싶었다. 특히 지역 무용계의 실정을 알고 싶었고 쓸 만한 인재가 있으면 내 작품에 기용하려는 생각도 있었다. 그러나 그게 다는 아니었다.

시간이 지날수록 그동안의 노력을 정리하는 기회를 갖고 싶었다. 그리고 그 내용을 사람들에게 정확히 알리고 싶었다. 오늘날 사람들은 여러 가지 경로를 통해 정보를 얻지만 그 가운데 상당 부분은 잘못 해석된 것이거나 틀린 내용일 경우가 많기 때문이다.

내가 사람들을 향해 이야기하고 싶은 또 다른 이유는 나 역시 그들의 이야기를 듣고 싶기 때문이다. 인터넷 게시판 문화가 활성화되면서 사실상 수동적인 관객은 사라졌다. 지금은 블로그 등을 통해 관객들이 적극적으로 활동할 뿐 아니라 시끄럽게 떠들어대거나 목소리를 높인다. 말하자면 관객들이 마이크를 잡고 자신의 이야기를 들어달라고 집요하게 요구하게 된 것이다. 현명한 의견이든 과장된 주장이든 상관없이 실제로 그들의 목소리는 사람들의 귀에 흘러들어간다.

나는 현재와 같은 상황이 좋다. 직접적이고 거침없는 경험을 즐기는 나의 성향과 맞기 때문이다. 나는 자신의 의견을 전달하려는 관객을 전심으로 기다리며, 나의 작업을 설명하고 변호할 수 있는 기회를 기꺼이 환영한다.

2008년 9월, 마이애미와 뉴욕의 프로젝트를 마치고 시애틀로 향했다. 퍼시픽노스웨스트발레단과 두 개의 발레 공연을 무대에 올리기로 했기 때문이다. 그해의 세 번째 협력작업만큼은 앞의 두 개보다 단순한 과정이 되길 바랐기 때문에 나는 기존에 작곡된 음악을 택했다. 그리고 비행기에 오르기 훨씬 이전에 두 개의 발레 시나리오를 대략적으로나

마 처음부터 끝까지 짜놓았다.

 이전에 수행한 대단히 창조적인 작업들 덕분에 나는 협력적 사고를 더욱 확장할 수 있었다. 발레 관객들뿐 아니라 더 큰 공동체와 연계하는 방법을 찾고 싶었다. 내가 만들 두 개의 발레가 그들의 일상과 실제로 어떻게 연결되는지 알려주고 싶었기 때문이다.

 시애틀에서 공연이 시작되기 전에 나는 많은 사람들에게 노출되었다. 인터뷰를 위해 시간을 비웠고 기부금을 위한 칵테일 파티와 저녁 모임에 참석했다. 또한 연습실을 개방해 후원자들이 무용수들과 작업하는 내 모습을 직접 볼 수 있게 했다. 그리고 첫 공연 직전에 무료 강연회를 열었다.

 왜 하필 시애틀이었을까? 두 가지 이유가 있다.

 첫째, 시애틀은 커뮤니케이션의 중심 도시다. 마이크로소프트사가 처음 문을 연 곳이 시애틀이다. 빌 게이츠라는 거인을 중심으로 수많은 사업가들이 모여들었고 그들 각각은 다양한 혁신을 통해 더 빠르고 쉬운 디지털 커뮤니케이션을 창출했다. 코스트코와 스타벅스의 본사 또한 시애틀에 위치한다. 마이크로소프트사와 마찬가지로 이들 회사와 직원들 또한 발레와 오케스트라 공연, 박물관 관람에 매우 적극적이다. 그들은 단순히 돈을 내고 공연을 보는 것에 그치지 않는다. 연습 현장을 방문하고 예술위원회에서 활동하며 예술 공연을 위한 저녁식사 모임에 참여해 적극적으로 의사를 표현한다. 그야말로 '시민을 위한 예술’의 이상이 실현되는 곳이 바로 시애틀이다.

지역사회와 협력하는 일이 예산을 삭감해야 하는 시기에는 반드시 하지 않아도 되는, 비싼 비용이 드는 활동처럼 보일지도 모른다. 그러니 지역사회에 대한 투자는 항상 엄청난 보상을 가져왔다. 특별한 주장이나 지식을 지닐수록 공동체 속으로 파고드는 일은 더욱 중요하다. 사람들은 몸에 해로운 탄산음료를 사먹는 데는 돈을 아끼지 않지만 발레 공연 관람에는 좀처럼 지갑을 열지 않는다. 따라서 무료 공연 등을 통해 먼저 대중에게 다가가는 일이 중요하다. 숨길 것이 없다면 그들을 향해 문을 활짝 열어라!

지역사회와 협력하는 일이 완전히 비영리적인 목적을 추구하는 것은 아니다. 장기적으로 보면 그러한 투자를 통해 예술에 관심을 갖는 인구가 빠르게 증가하기 때문이다. 더 현실적으로 말하자면, 비단 돈뿐만 아니라 창조적인 에너지의 일정 비율을 지역사회를 위해 바친다는 점에서 일종의 ‘십일조’와 같다. 다른 자선 행위들과 마찬가지로 이 경우에도 정확히 누구를 어떻게 돕는지는 알 수 없다. 목표는 그저 예술 활동을 소개하고 설명하는 것이다. 어떤 의미에서 이는 언젠가 싹을 틔우길 바라면서 무작위로 씨를 뿌리는 행위와 비슷하다.

두 번째 이유는 지역사회에 대한 뛰어난 감각을 지닌 퍼시픽노스웨스트발레단의 예술감독 피터 보얼 때문이다. 돌봐야 할 발레단과 가족이 있음에도 그는 공동체의 부름이 있을 때면 어디든 달려가 성심껏 답한다. 그가 이끄는 무용수들 역시 마찬가지다. 그들은 공립학교에서 공연하고, 지역사회를 위해 연습 모습을 무료로 공개하고, 대도시 저소득층 아이들을 위한 발레 교실의 자금 마련을 위해 무대에 서기도 한다. 퍼시픽노스웨스트발레단은 지역사회와 호흡하는 조직의 모범 사례다.

피터는 다른 면에서도 내게 이상적인 파트너였다. (그의 엄마 역할을 하고 싶진 않지만) 그는 내게 마치 아들과 같은 존재다. 열여덟 살에 그는 뉴욕시립발레단 단원이 되었다. 발레단에 들어가자마자 발란친(러시아 출신의 미국 무용가 겸 안무가로 아메리칸발레학교를 설립하고 아메리칸발레단, 현 뉴욕시립발레단인 발레협회를 결성했다-옮긴이)이 세상을 떠났는데, 그의 데뷔 작품이 바로 제롬 로빈슨과 내가 발란친을 기념해 올린 무대였다.

그리고 또 하나의 연결점이 있다. 피터는 전성기에 이르기도 전에 뉴욕시립발레단에서 무용수들을 지도했다. 이는 자신의 경력을 쌓는 일보다 더 큰 목표를 지니고 있다는 확실한 증거였다. 나 역시 안무와 교습을 거의 똑같이 중요하게 여기기 때문에 수년 동안 감탄하며 그의 활동을 지켜보았다.

어쨌든 나는 무용가이자 안무가, 그리고 선생이라는 여러 개의 정체성을 지닌 채 시애틀에 도착했다. 피터의 발레단은 함께 일하기에 무척 호의적인 환경이었는데, 이는 단순히 사람들의 태도가 친절하다는 것 이상을 뜻했다. 피터는 함께 일하는 사람들을 존중했고, 덕분에 사람들도 피터를 더 깊이 존중할 수 있었다. 피터는 사람들의 고충을 그 자리에서 직접 처리해주었다. 마치 회중과 함께하는 목사처럼 피터는 무용수들의 바른 행동에 대한 짧은 언급으로 수업을 시작하곤 했다. 내가 참석한 연습에서는 연락도 하지 않은 채 지각한 무용수에게 그 자리에서 즉시 주의를 주었다. 시간을 끌어 불편한 긴장감을 지속시키는 대신 그는 할 말만 바로 하고 다음 할 일로 넘어갔다.

동기부여에 대한 이야기는 주변에서 매우 흔히 들을 수 있다. 사람들은 위대한 코치들이 학생들에게 어떻게 성공에 대한 강한 열망을 부여했는지 이야기한다. 하지만 그건 사실이 아니다. 내 생각에 위대한 코치들은 오히려 이렇게 말한다.

"성공에 대한 열망과 동기는 외부에서 주어지는 것이 아니다."

예전에 하버드대학교 조정 팀을 이끌었던 해리 파커의 예를 들어보자. 14시즌 연속 무패 행진을 기록한 파커는 지난 50여 년 역사상 가장 위대한 감독으로 인정받는다. 그는 이렇게 말한다.

"학생들의 마음속에서 꿈틀대는 현재를 뛰어넘고자 하는 의지는 감독이 주입할 수 있는, 혹은 주입해야 하는 무언가가 아니다."

그가 가르친 학생들도 이에 동의한다.

"스포츠와 마찬가지로 인생에서도 다른 누군가를 위해 성공을 갈망할 수는 없다. 파커 감독은 선수들이 열정을 쏟아 부을 수 있는 공간을 열어놓았다. 만약 감독이 주목을 받고 싶어 한다면 그런 공간은 결코 마련되지 않는다."

작품과 익숙해지라고 조언하면서 나 역시 무용수들에게 가까이 다가가려고 애썼다. 이곳에 처음 온 사람이었기 때문에 말을 아끼는 대신 뭐든 면밀히 관찰해야 했다. 이는 매우 유용한 태도다. 나는 무용수들의 이름을 외워야 했고, 그들의 독특한 버릇을 알아야 했으며, 지켜야 할 관습이 무엇인지 배워야 했다. 스물다섯 명의 무용수 이름을 죄다 외우기 전까지 무언가 실질적인 이야기를 할 권리가 사실상 내게는 없지 않겠는가(그해 나는 세 개의 단체와 함께 일했고 외워야 할 이름 또한 백 개가 훌쩍 넘었다).

이름을 외운 다음에는 각 무용수들의 특징을 익혀야 했다. 몇몇 무용수들은 다른 무용수들보다 체력이 강했다. 어떤 무용수들은 엄청난 잠재력이 있었다. 몇몇은 흥미롭고 기이한 버릇을 지녔다. 예컨대 남들보다 쉽게 회전하는 기술을 가진 한 무용수는 오직 오른쪽으로 돌 때만 그랬다. 얼마 안 있어 무용수 각자의 특성이 눈에 들어오기 시작했다. 누가 내 기대를 충족시킬 수 있을지, 누가 춤을 진정 사랑하는지, 누가 돈을 위해 춤을 추는지, 누가 앞줄에 서면 결코 안 되는지. 이런 특징들은 무용계 밖에 있는 사람들은 결코 알아차리지 못하는 것이다. 관객들은 그저 동시에 무대에 올라 춤을 추는 일군의 무용수들만을 본다. 그러나 안무가는 무용단을 지도하지 않는다. 대신 스물다섯 명의 개인을 지도한다. 그리고 그들과의 협력이 관객의 눈에는 마치 하나의 결과물처럼 보이는 것뿐이다.

무용수들을 제대로 평가하려면 냉정한 시선이 필요하다. 무용수들은 피터 같은 코치의 평가를 더 잘 받아들인다. 40대까지 피터는 학생들을 가르칠 때 직접 시범을 보일 수 있었다. 내가 그토록 엄정하게 훈련을 시킬 수 있는 이유 가운데 하나도 바로 그것이다. 제롬 로빈슨은 내게 이런 말을 한 적이 있다.

"언젠가 너무 나이가 들어 춤을 출 수 없게 된다면, 안무를 짜는 능력 또한 많이 잃을 것만 같습니다."

나는 그 말이 사실인지 확신할 수는 없지만, 어쨌든 시범을 보이지 못한다면 굉장한 스트레스를 받을 거라는 생각은 한다. 종군기자였던 조지프 갤러웨이는 이렇게 쓰고 있다.

"남북전쟁 당시 훌륭한 장군은 말을 타지 않고 병사들과 함께 걸었다. 그렇지 않고서 어떻게 진정 병사들의 감정을 이해할 수 있겠는가? 또한 병사들이 전투에 나갈 준비가 얼마나 되어 있는지 어찌 알 수 있겠는가? 상대에게 아주 가까이 다가갈 때만 진실을 정확히 알 수 있다."

시애틀에 도착하기 전에 나는 다음과 같이 굳게 마음먹었다.

'퍼시픽노스웨스트발레단의 자원을 최대한 이용해 일하자.'

이미 잘 알고 있는 팀과 일하는 게 훨씬 더 편하긴 했지만 나는 다음 사실을 무시할 수 없었다.

'시애틀에는 수준 높은 오케스트라가 있고 발레단이 보유하고 있는 의상실은 세계 최고 수준이다.'

조직을 최대한 활용하려는 의도에는 다른 이유도 있었다. 외부인을 영입하면 발레단의 평형이 깨지고 근거 없는 불신이 싹틀 수 있다. 외부인을 끌어들이는 것은 조직 내의 재원으로는 불충분하다고 판단했다는 뜻이며, 종종 그건 사실이기도 하다.

그러나 안무가들이 함께 일하던 디자이너들을 데려오는 더 큰 이유는 최대한 안전하고 효율적인 작업과 생활을 유지하고 싶어서다. 한 해 동안 여러 가지 프로젝트들을 동시에 진행하면서 나는 다음 사실을 깨달았다.

'같은 팀과 계속 일관성 있게 작업할수록 내 생활 역시 전반적으로 편해지는구나!'

하지만 시애틀에 오기 전에 우선순위를 정해야만 했다.

'나의 편안함이냐, 아니면 발레단과 지역사회의 열정이 우선이냐?'

그때 떠오른 인물이 나의 친구 밀로스 포만이었다. 현명한 영화감독답게 그는 가능한 가장 재능 있는 사람들을 찾아 곁에 두고 싶어 했고 일단 좋은 관계를 형성한 후에는 그들과 지속적으로 함께 작업했다.

1960년대 체코슬로바키아의 영화 촬영장에서 포만은 장편영화를 찍는 법을 배우고 있던 미로슬라프 온드리첵을 만났고, 1963년에 그에게 작품 하나를 맡겼다. 그후 온드리첵은 세계 최고의 감독들과 함께 일했지만, 항상 포만에게 돌아와 협력관계를 유지했다. 짧은 기간 동안 그들은 〈헤어〉〈래그타임〉〈아마데우스〉와 같은 작품을 함께 만들었다. 온드리첵은 〈래그타임〉과 〈아마데우스〉로 아카데미상 후보에 올랐다.

온드리첵과 포만은 대단히 창의적인 파트너였다.

　발레 작업을 할 때면 나는 빡빡한 일정 탓에 허겁지겁 준비를 마치고 아침 연습에 임할 때가 많았다. 그러나 시애틀에서는 사정이 달랐다. 오기 전에 이미 많은 일늘을 마쳤기 때문에 아침마다 여유 있게 무봉수와 시설의 상태를 점검할 수 있었다. 이곳의 시설은 체계가 잘돼 있어서 무대와 의상 준비, 부상 치료, 대외홍보, 후원모금과 같은 일들을 꼼꼼히 체크할 수 있었다. 또 피터와 피터의 오른팔인 더그와 그의 조수는 항상 먼저 연습실에 나와 있곤 했다.

　모든 이가 작업에 적극적으로 참여하자 나는 안정감과 용기를 얻었다. 도착하자마자 피터는 직원들과 이야기를 나눠보라고 요청했고 나는 기꺼이 그에 응했다. 따뜻한 환대에 깊은 인상을 받았을 뿐 아니라 시애틀 지역사회를 위한 선물로 점찍어 놓은 강연을 연습할 수 있는 기회라고 생각했기 때문이다.

　사실 강연을 한다는 건 일종의 탐험이다. 특정한 방식, 곧 의미를 나누고 싶다는 열망으로 낯선 이들과 연결될 수 있다는 희망을 품어야 가능한 일이 또한 강연이다. 오늘날과 같이 파편화된 사회에서 사람들은 공동의 목표나 가치보다는 각자의 삶을 훨씬 더 중요하게 여긴다. 직업적 성공은 한 사람의 삶의 중요도를 재는 중요한 기준 가운데 하나다. 목수나 교사, 간호사, 코치는 그날그날 자신이 무엇을 이루어냈는지 파악할 수 있다. 그들은 집을 짓고, 아이들에게 나눗셈을 가르치고, 환자들을 치료하고, 선수들을 승리로 이끌었을 것이다. 그러나 예술가는 자신의 성취를 정확히 측정하기가 힘들다.

예술가의 경우, 자신의 실력이 얼마나 향상되었는지 정확히 가늠하는 것이 성취 정도를 판단하는 중요한 요소다. 다른 이들과의 관계 역시 중요하다. 아주 옛날에는 벽돌공과 작곡가 사이에 이렇다 할 차이점이 없었다. 무슨 일이든 신이 맡겨준 사명이었고 모든 직업에는 동등한 의미가 있었다. 그러나 20세기에 들어 사정은 달라졌다. 예술은 신이 아닌 예술 자체를 위해 존재하게 되었다.

이런 변화를 모더니즘이라고 부르기도 한다. 그러나 언어의 함정에 빠지지는 말자. 여기서 중요한 건 의미의 부재다. 말하자면 인간의 삶은 영적인 의미를 잃어버렸다. 우리는 이제 더 이상 충성과 애정의 대상인 사회의 한 부분이 아니다. 개인은 각각의 자아가 이끄는 개별적 세계이며, 불합리한 세계의 유일한 중심이다. 인간은 이제 각자의 행복만을 추구한다. 협력? 왜 그런 일로 골머리를 썩는가? 인생은 한 번뿐이다. 가질 수 있는 모든 것을 가져라.

1897년에 톨스토이는 《예술이란 무엇인가》라는 책에서 이 문제를 다뤘다. 기독교인이자 도덕가로서 그는 '좋은 예술'과 '나쁜 예술'을 구분했다. 톨스토이는 이렇게 주장한다.

"나쁜 예술은 인간이 혼자라고 느끼게 만드는 반면, 좋은 예술은 인간이 모두 형제라는 느낌을 증진시킨다."

톨스토이의 작품을 한 권이라도 읽어본 사람은 이 말이 무슨 뜻인지 이해할 것이다. 그는 작품 속에 정직한 노동과 땀 흘려 일하는 소작인, 러시아 전통민요와 춤을 형상화했다. 《안나 카레리나》에서 귀족인 레빈은 고된 노동의 가치를 발견한다. 예컨대 그는 풀베기의 아름다움에 경탄한다. 마을 농부들이 줄지어 일하는 모습은 얼마나 효율적이며 조직적인가? 노동 후에 맛보는 피로는 또 얼마나 달콤한가?

시애틀로 떠나기 전에 나는 단순하고 보편적이며 고양된 예술에 대한 톨스토이의 찬사를 떠올렸다. 내 느낌에 지금 인류는 위기의 순간을 맞고 있다. 인간은 앞으로 지구상에 어떤 일이 일어나게 할 것인지 결정해야 한다. 삶이란 결국 무의미하고 목적 없는 것일까? 아니면 느리고 고통스러운 과정일지라도 이제 다른 사람들과 함께 하는 삶이 어떤 것인지 새롭게 배워나가야 할까? 다시 말해 협력의 가치를 재인식하고 실천해야 할까?

후자의 생각과 행동이 사회에 널리 퍼진다면 예술은 오락만큼이나 삶의 중심 요소가 될 것이다. 그러면 사람들은 예술이 다름 아닌 오락이라는 사실을 알게 될 것이다. 배우고 스스로를 향상시키며 최선의 자아에 다가가는 일이 한심하고 무의미한 '재미'보다 더 가치 있다는 사실 또한 깨달을 것이다.

시애틀의 강연에서 나는 이런 주제에 관해 이야기하고 싶었다. 눈치 빠른 사람들은 짐작했겠지만 나는 청중의 비위를 맞추기 위해 자신의 의견을 말하는 걸 주저하는 사람이 아니다. 사실 어려운 이야기일수록 지나치게 단순화하지 않으면서 있는 그대로 전달하는 게 중요하다. 지역사회가 협력관계에서 맡은 바 역할을 잘 수행할 것이라고 믿어라. 그들의 역할은 보고 즐기고 배우고 판단하는 것이다.

당신의 지식과 관점을 사람들에게 보여주라. 사람들이 당신의 생각과 연결되고 당신의 협력자가 되기를 소망하면서 말이다. 듀크대학교의 농구 감독이 경기 전에 관중들과 이야기를 나누면서 그들을 '여섯 번째 선수'로 만들었다는 사실을 잊지 말길 바란다.

모든 성공한 무용 공연은 잘 짜인 완결된 시스템이라는 느낌을 준다. 막이 올라가고 무대 위에서 아무리 치밀하게 고안된 장면들이 펼쳐져도 막이 내려가면 극은 끝난다. 따라서 무용수들에게는 무대 위에서 움직이고 있는 시간에만 이룰 수 있는 논리와 목적이 있다. 공연 중에는 무대 위에서 일어나는 일들에 대해 일일이 설명할 필요가 없으며, 마찬가지로 막이 내려가면 더 이상의 언급은 불필요하다. 사람들은 무대 위에서 본 것만을 머릿속에 간직하고 극장을 떠난다.

강연 중에 나는 사람들에게 관람할 공연에 대해 이야기하지 않는다. 그보다는 공연을 떠받치는 아이디어를 어떻게 얻었는지 이야기한다. 안무를 짜면서 무엇을 읽었는지, 나 자신에 대해, 그리고 다른 사람과 함께 하는 삶에 대해 무엇을 생각했는지.

내가 청중과 나누고 싶은 이야기는 결국 이것이다.

'무엇이 이 공연을 낳았으며, 과연 공연이 의미하는 바는 무엇일까?'

새로운 공연을 무대에 올리면서 무용수들은 이전과는 전혀 다른 것들을 성취하고, 관객들은 이전에는 종종 안개 속에 감추어져 있던 의미들을 발견한다.

시애틀에서 공연할 두 개의 공연은 사실 서로 등을 맞대고 이어진 것이며, 나는 그런 모습을 관객들에게 보여주고 싶었다. 말하자면 이 둘은 협력 안에 숨어 있는 협력이었다. 한 공연은 브람스의 고전음악, 다른 한 공연은 마티노프의 현대음악에 맞춰 진행되는데, 두 작품은 정확히 백 년의 시차를 두고 작곡되었다. 둘은 후기 낭만주의의 풍부함과 후기 미니멀리즘의 건조함이 가진 정확한 접점을 보여줄 것이다.

나는 브람스의 이야기로 강연을 시작하면서 일련의 악보를 찍은 슬라이드를 보여주었다. 그리고 무용수들이 앞에 나와 음악 없이 발레의 중심 동작들을 선보였다. 춤과 음악 구조 사이의 평행을 보여주면서.

다음은 마티노프. 무용수들은 연습 시간에 하는 간단한 동작들을 선보였다. 첫 번째는 있는 그대로, 두 번째는 정교하게 변용해서. 이것 또한 침묵 속에서 보여줄 수 있었지만 나는 테리 릴리의 C장조 음악을 틀기로 했다. 1964년에 처음 연주된 이 곡은 미니멀리즘 음악의 시초로 평가받으며, 마티노프에게 큰 영향을 끼친 것으로 알려져 있다. 무용수들이 춤을 추는 동안 무대감독은 배경으로 쓸 높은 벽을 짓는 현장을 지휘하고 있었다. 나는 관객들에게 이러한 배경이 미학적이고 실존적인 딜레마를 표현하는 것이라고 설명했다.

"이것은 예술가들이 어떻게 스스로를 고정된 틀 안에 가두는지 보여 줍니다. 벽들은 점점 가까이 조여 오는데 이는 20세기에 접어들면서 예술가들이 선택할 수 있는 것들이 점점 줄어드는 상황을 상징합니다."

20세기 초반 이후, 모더니스트와 포스트모더니스트, 무조無調주의자와 극작가들, 미니멀리스트들은 19세기 음악의 풍부함과 복잡성에 도전했다. 아방가르드 예술가들이 지난 세대의 업적을 폐기하면서 20세기 예술계는 19세기 예술에 대한 반작용으로 스스로를 정의했다. 그들은 지난 세기의 예술을 바탕으로 진화하기보다는 근본적으로 그것을 대체하려 노력했다.

2세대 미니멀리스트인 마티노프는 사물을 점점 줄여나가면 결국 무에 도달할 수밖에 없다고 결론 내렸고, 필연적으로 허무주의에 다가갔다. 우리는 사물을 어디까지 해체할 수 있을까? 원자 속의 입자를 쪼개면 어떤 상태가 될까? 낭만주의가 낳은 아이를 미니멀리스트의 물에 흠뻑 적신다면 그 끝에는 무엇이 있을까? 이제 우리는 어디로 가야 할까? 막다른 길목의 탈출구는 어디에 있을까?

마티노프의 다음 행보는 충격적이었다. 그는 선율을 선보였다. 물론 음악의 주제는 20세기 중반의 기조였던 과거에 대한 부정이었다. 그럼에도 불구하고, 말하자면 그 모든 먼지와 파편들 속에서도 대단히 아름다운 선율이 흘러나왔다. 이는 거리를 떠돌던 아이가 발견한 피난처인

19세기 부르주아들의 세계를 떠올리게 한다. 바깥의 차가운 골목은 따뜻한 안식처인 집으로 변했다. 그곳에서 한 우아한 커플이 다양한 종류의 왈츠를 끝없이 출 것이다.

나음으로 마티노프는 점차 19세기적인 선율을 시워가기 시작했다. 대신 곡의 처음 부분에 반복적인 음을 배치함으로써 압도적인 느낌을 부여했다. 따뜻한 방에 있던 왈츠 추는 여인이 이 현대적 공간을 방문한다. 미니멀리즘의 음악이 차가운 불빛과 함께 점점 더 희미해지다 사라져버리면서 거리의 아이는 추위에 떨며 홀로 남는다. 마침내 불이 다 꺼지기 직전, 우아한 19세기의 여인이 팔을 벌려 거리에 홀로 남겨진 아이를 감싸 안고, 따뜻한 불빛이 저 멀리서 빛나기 시작한다.

더 많이 질문할수록 더 많이 얻게 된다. 관객들에게 새로운 도전을 더 많이 던져줄수록 나 자신도 더 많은 도전을 받게 된다.

어린 시절, 내가 가장 좋아한 동화는 외할머니가 읽어주시던 《성냥팔이 소녀》였다. 나는 이야기 속 주인공과 연결되었다고 느꼈고 소녀의 순전한 희생에 마음 깊이 반응했다. 그러나 내가 이 이야기에서 가장 좋아하는 부분은 소녀가 결국 홀로 남지 않았다는 사실이다.

명시적이지는 않지만 공연을 본 관객들 역시 결말이 말하고 있는 따뜻한 희망을 느낄 것이다. 안무가로서 나는 공연을 통해 춤이 자신의 온전한 세계를 드러내야 한다는 사실을 안다. 그러나 나는 무대 밖에서 관객들을 만나 그들의 이해를 돕고 싶었다. 예술이 우리 인생과 결코 무관하지 않다는 사실을 알려주고 싶었다.

나는 톨스토이의 이야기를 하며 강연을 마쳤다. 톨스토이는 브람스와 같은 시대를 살았다. 톨스토이는 특히 브람스와 베토벤을 통해 진화한 후기 낭만주의의 세련미를 혐오했다. 그러나 이는 브람스를 과소평가한 것이다. 톨스토이는 브람스가 단순한 음악에 대한 예리한 감각을 지녔으며, 종종 민속음악에서 영감을 얻었다는 사실을 간과했다. 정말이지 브람스의 음악은 힘과 생동감이 넘치는 발레 동작에 적합한 강건한 작품이다. 말하자면 브람스 역시 소작인의 삶을 이해하고 있었다.

자세한 설명 없이도 관객들은 무용수와 마티노프가 같은 메시지를 전하고 있다는 사실을 감지한 것 같았다. 모더니스트들은 낭만주의를 과소평가했다. 막다른 골목에 이르면 우리는 길을 찾기 위해 다시 돌아가야 한다. 이것이 바로 마티노프의 메시지다. 브람스와 마티노프가 짝을 이룰 수 있는 것 또한 같은 이유다. 우리는 둘 사이에서 과거로부터 내려와 미래로 이어지는 희망을 본다.

We-Effect

모두의 심장을 하나로 뛰게 하라_스티브 마틴

> 관객들은 우리가 생각하는 것보다 독창성을 포용하는 능력이 훨씬 더 크다.
>
> 관객들을 농담에 직접 참여시켜보라. 협력의 공동체가 형성될 것이다.

그의 아버지는 배우가 되고 싶어 했다. 그래서 아내와 두 아이를 데리고 텍사스에서 할리우드로 옮겨 갔다. 그러나 그는 배우로 성공하지 못했고 그후 내성적이고 시무룩한 사람이 돼버렸다. 그는 종종 아들에게 크게 화를 냈고, 한번은 심하게 때리기도 했다. 코미디언 스티브 마틴의 어린 시절 이야기다.

　스티브 마틴이 코미디언이 된 데에는 지리상의 이점이 작용했다. 그는 디즈니랜드에서 불과 2마일(약 3㎞)떨어진 곳에서 살았다. 열 살에 디즈니랜드에서 일자리를 얻은 마틴은 마술 공연을 볼 기회가 아주 많았고, 스스로 마술하는 방법을 체득했다. 얼마 안 있어 마틴은 하루에 열 시간 남짓 동안 사람들에게 이런저런 재주와 묘기, 마술을 선보였다. 그는 열다섯 살 때까지 마술 연기를 했고 스무 살에는 코미디 클럽에서 공연했다. 마틴은 그 시절을 이렇게 회상한다.

"나는 하루에 네다섯 번씩 공연할 수 있는 기회를 얻었다. 이것은 내게 자신감과 평점심을 심어주었다."

많은 사람들이 그를 보러 몰려왔고 관객들의 조언은 종종 마틴에게 새로운 방향을 제시해주었다.

"그들은 감쪽같이 속았을 때보다 마술사가 실수를 할 때 오히려 더 좋아했다. 그때 이런 생각을 했다. 엄숙한 마술사의 미래에는 한계가 있겠구나."

마틴은 대학교에서 철학을 열심히 공부하면서 많은 영향을 받았다. 그는 자서전에 이렇게 썼다.

"철학을 공부하면서 그동안 믿었던 것을 포함해 모든 것을 다르게 생각하기 시작했다. 철학을 공부하면서 논리에 대해 알게 되었고 자연히 원인과 결과라는 개념에 도달했다. 그리고 이런 생각을 했다. '어라? 원인과 결과가 없으면 논리가 없고, 그러면 아무것도 존재할 수 없는 거야?' 이러한 생각은 대부분의 코미디언들이 하지 않는 질문을 떠올리게 했다. '만약 내 스탠딩쇼에 펀치라인, 즉 결정적인 한 방을 일부러 생략하면 어떻게 될까?' '아예 복선이 존재하지 않는다면?' '만약 긴장감을 한껏 유발한 채 그것을 해결하지 않고 그냥 끝내버리면 어떨까?'"

일단 미국식 코미디의 정석인 '결정적인 한 방'에 대한 미련을 버리자 마틴은 자유로워졌다. 마치 어떤 속임수를 쓰는지 알려주는 마술사처럼 그는 자신의 일상에 관객을 불러들여 협력자로 만들었다. 그들은 함께 '전통적인 코미디와는 거리가 먼 것을 보며 웃어대는 집단'을 형성했다. 그는 낯설고 우스꽝스러운 하얀색 조끼 정장을 입었다. 사람들은 마틴이 무대 위에서 무엇을 할지 쉽게 예측할 수 없었다. 아마도 풍선을 비틀거나 밴조(기타 형태의 미국 민속악기의 일종 — 옮긴이)를 연주하고 코안경을 쓸지도 모른다. 어쩌면 쇼 막판에 관중들을 이끌고 클럽을 나와 맥도널드로 향하거나, 아니면 또 다른 클럽으로 향할지 모른다.

어느 날 밤, 그는 한 대학교에서 쇼를 했다. 공연 막바지에 그는 관중들 사이로 성큼성큼 걸어가기 시작했다. 무대에 출구가 없는 것을 확인하고 취한 애드리브였다. 그러자 학생들이 그를 따라 우르르 몰려나와 물 빠진 수영장 앞까지 다다랐다.

"모두 수영장 안으로!"

마틴이 외치자 학생들은 수영장 안으로 들어갔다.

"자, 이제부터 여러분들 위에서 수영을 하겠습니다!"

마틴이 수영하는 시늉을 하자 사람들은 손에서 손으로 그를 전달했다. 마틴은 그날 일을 이렇게 회상한다.

"그날 밤, 나는 새로운 코미디의 영역에 들어섰다는 흥분을 느끼며 잠자리에 들었다."

어느 순간 그는 급작스레 유명세를 타게 되었다. 클럽에 관객을 모두 수용할 수 없자 커다란 스타디움을 빌렸고 매진 행렬이 이어졌다. 그는 가장 인기 있는 TV프로그램의 단골 출연자가 되었다.

마틴은 이 엄청난 성공에 만족스러워했다. 그러나 이는 여기에서 멈추면 안 된다는 신호이기도 했다. '모든' 사람이 웃을 수 있는 코미디는 더 이상 재미있지 않기 때문이다.

07

협력의 기술6

협력자는 친구가 아니다

"안 돼"라고 말할 수 없는 사람과는 협력하지 말라. 성공적인 협력관계에는 친구도, 주인도 존재하지 않는다.

친밀함이 창조성과 만나면? 자신이 잘 알고 좋아하는 사람과 일한다는 건 거부하기 힘든 매혹적인 아이디어다. 사람들은 특히 친구들과 저녁식사를 하면서 이런 이야기를 많이 한다. 즐거운 이야기가 오가고 여유로운 분위기 속에서 이런 말이 튀어나온다.

"이봐, 우리가 함께 일하면 어떨까? 자네와 나는 비슷한 이상과 정치관을 지녔고, 같은 종교와 가치를 신봉하지. 우리가 함께 무언가 가치 있는 일을 할 수 있다면 정말 멋질 것 같지 않나?"

그렇다면 이 사업에는 어떠한 갈등도 존재하지 않을 것이다. 그렇지 않겠는가? 사내 정치나 이중거래도 없을 테고, 오직 공동의 목적을 위한 견고한 팀의 노력만이 존재할 것이다. 그리고 얼마 안 있어 우리는 부자가 되고 큰 성공을 맛보며 원하는 모든 것을 이룰 것이다.

자, 그렇지만 너무 멀리 나아가지는 말자. 대신 다음의 가능성을 심각하게 고려해보기 바란다. 어느 순간, 당신은 친구와 동료들에게 "안돼"라고 말해야 할 것이다. 당신에게는 그것이 객관적이고 공정한 거절일 테지만 친구는 다르게 받아들인다. 그는 당신의 의도보다 더 많은 메시지를 담아 그 말을 해석할 것이다. 당신의 거절이 친구에게 상처를 주는가? 지나치게 개인적인 감정을 담은 말인가? 만약 같은 말이라도 추수감사절 저녁모임에서 했다면 역시 부정적인 효과를 냈을까?

시나리오를 뒤집어보자. 협력자가 당신에게 "안 돼"라고 말한다. 일에 관계된 반응이니까 괜찮다고? 아니면 혹시 그 말에 기분이 상했는가?

친구와의 협력이 얼마나 오래 지속되기를 원하는가? 단기간의 협력에는 별 문제가 없을지도 모른다. 그러나 함께 회사라도 설립한다면 이는 다른 문제가 된다. 처음에는 벤처 정신에 들떠 마치 연애하는 기분으로 뛰어들지 모른다. 그러나 정작 일을 시작하고 나면 관계는 무거운 책임을 지닌 결혼이 되며, 최악의 경우 함께 감옥에 갈 수도 있다.

좋은 협력자를 찾는 것은 좋은 친구를 찾는 일보다 쉽다. 그러나 나는 진정한 친구를 찾는 일을 좋은 협력자를 찾는 일보다 중요하게 여긴다. 진정한 우정을 얻었다면 당연히 그것을 보호하고 싶을 것이다. 함께 일하는 건 위험하다.

나는 협력하는 과정에서 많은 친구를 사귀었다. 때때로 친구와 일하기도 했다. 그러나 그럴 때면 항상 굉장한 주의를 기울여야 했다.

사진작가 리처드 애버던은 20년 동안 스물일곱 차례나 내가 춤추는 장면을 찍었다. 그 긴 시간 동안 나는 그와의 작업에 대단히 만족했다.

리처드 이전에 정식으로 내 사진을 찍은 사람은 아무도 없었다. 간혹 누군가 공연이나 연습하는 모습을 스냅 사진으로 찍었을 뿐이다. 리처드와 작업한 이후, 나는 다른 사진작가와는 좀처럼 일을 하지 못할 정도로 그에게 익숙해졌다. 그는 대단히 철저히 준비했고 작업 과정을 완전히 장악했으며, 항상 치밀하게 계획된 새로운 제안을 했다. 스튜디오에서 리처드는 대단한 집중력을 발휘했고 무한한 에너지를 사진에 쏟아 부었다. 그와 일할 때면 단 한 순간도 쉴 틈이 없었다.

춤을 추는 모습을 찍는 것은 특히 더 어려운 작업이다. 물론 무용수의 의상이나 자세, 얼굴을 담은 대단히 멋진 사진을 찍을 수는 있으리라. 그러나 그 안에 담긴 혼은 놓쳐버릴 수 있다. 리처드는 단 한 번도 그런 실수를 저지르지 않았다. 이유는 간단하다. 그는 춤이 아닌 움직임을 찍었기 때문이다. 리처드는 역사적인 기록이 될 만한 정확한 사진을 찍는 데는 관심이 없었다. 대신 그는 드라마를 남기고 싶어 했다. 그는 단순히 일어난 일을 찍지 않았다. 사실 보는 사람 눈에는 아주 자연스러워 보이는 장면조차 아주 면밀히 손을 댄 것이다. 각 동작을 찍을 때마다 우리는 적어도 한 번씩 의견을 주고받았다. 이번에 찍을 사진의 목적은 무엇이며 그러려면 어떻게 해야 하는지에 대해 함께 이야기했다. 때때로 그림을 그려보기도 하고, 폴라로이드 사진을 찍기도 했다.

우리가 창조한 이미지보다 더 중요한 것은 과정이었다. 사진 작업을 통해 나는 모든 인간에게 통하는 공통의 언어를 배웠다.

이 과정에서 나는 내 예술의 틀에서 벗어난 스스로를 발견했다. 지금 서 있는 곳과는 완전히 다른 낯선 장소에서 바라볼 수 있는 새로운 시각을 획득하면 놀라울 정도로 자유로워진다. 나와 리처드는 그 작업을 해냈다.

모든 예술가들에게는 자신만의 특징이 있다. 대부분의 예술가들은 그것을 철저히 지키고 보호한다. 그러나 나는 수없이 다음과 같은 사실을 발견했다.

'정말로 영리하고 재능 있는 사람들은 자신의 성공 비결을 숨기지 않는구나!'

그렇다. 그들은 자신의 비밀을 기꺼이 남과 나눈다. 다른 이들이 자신의 방법을 이용해 똑같은 결과물을 낼 것이라 우려하는가? 그렇지 않다. 탁월함은 기술만으로는 결코 이룰 수 없기 때문이다.

리처드는 내게 좋은 사진을 찍는 기술을 기꺼이 가르쳐주었다. 턱을 이렇게 들어봐요, 고개를 약간 이쪽으로 기울여봐요, 몸을 좀 숙여보세요. 그는 또 렌즈를 직시하되 자연스럽게 시선을 처리하는 방법을 알려주었다. 리처드 덕분에 나는 내 광대뼈와 조명의 관계를 알게 되었다.

리처드의 뛰어난 기술은 그의 생명력을 에워싸고 있다. 덕분에 그의 사진은 힘 있고 매혹적이며 빠르다. 그에게는 예민한 직감과 대범함이 있다. 하지만 내가 리처드를 그토록 좋아하는 이유는 따로 있다. 그는 나를 매우 편안하게 해준다. 리처드는 연구하고 준비한다. 자신의 아이디어를 이야기하고 나의 아이디어를 경청한다. 그 과정에서 그의 작업실은 나의 작업실이 된다. 사진 작업은 결국 그의 소관이지만 나는 언제나 우리가 함께 무언가를 창조하고 있다고 느꼈다.

가장 최근에 함께 일했을 때, 리처드의 조수가 다정히 안고 있는 우리의 모습을 찍어주었다. 그러고 나서 우리는 서로의 사진을 찍어주었다. 리처드는 나의, 나는 리처드의 모습을.

조수가 찍은 사진과 우리가 서로를 찍은 사진 사이에는 큰 차이점이 있다. 조수가 찍어준 사진에서 우리는 다정하게 포옹하고 있다. 우리는 서로를 찍은 두 사진을 붙여 하나로 만들었는데, 그 사진은 같은 프레임 안에 들어 있는 영원히 분리된 두 사람의 모습을 보여준다. 떨어져 있는 두 사람은 서로를 위해 기꺼이 헌신한다. 첫 번째 사진이 보여주는 것이 친구라면, 두 번째 사진이 보여주는 것은 협력자다.

리처드는 판단을 유보하고 다른 사람의 시선으로 현실을 보는 방법을 내게 가르쳐주었다. 그것은 가장 열린 마음에서 나오는 창조성이다. 서로를 찍어준 두 장의 사진은 내게 다음의 사실을 알려준다. 모든 협력의 궁극적인 목표는 파트너의 눈으로 사물을 보는 법을 배우는 것이라고.

내 친구 밀로스 포만이 록 뮤지컬 〈헤어〉의 영화판 안무를 맡아달라고 했을 때, 그는 전 세계에서 가장 인기 있는 영화감독이었다. 당시 그는 〈뻐꾸기 둥지 위로 날아간 새 One Flew Over the Cuckoo's Nest〉로 최우수감독상을 비롯한 아카데미 다섯 개 부문을 휩쓸었다.

나는 영화감독과는 협력할 수 없다고 생각했다.

그는 왕이다. 감독이 시그널을 주기 전에는 어떤 일도 일어나지 않으며, 그가 만들 필요가 없는 이야기라고 생각한다면 어떤 영화도 나올수 없다. 감독은 최종 편집권을 지니며 모든 컷이 그에게서 나온다. 내가 포만에게 기대할 수 있는 최선은 내 스타일을 간직한 안무로 영화에작은 기여를 하는 정도였다.

그렇다면 포만은 왜 내게 함께 일하자는 제안을 했을까? 그리고 나는왜 그 제안을 받아들였을까?

나는 한 방송국에서 방영한 춤에 대한 특별 프로그램을 연출한 적이있는데, 포만은 내가 그보다 더 좋은 결과물을 이끌어내고 싶어 한다는사실을 알았다. 그리고 자신과 함께 작업함으로써 내가 큰 성취를 얻을수 있다는 사실 역시 알았다. 그해 포만은 내게 큰 기회를 선사했다.

우리의 첫 번째 미팅은 지금껏 그가 겪은 어떤 미팅과도 달랐으리라. 포만이 나에게 일을 제안하는 자리였음에도 나는 그에게 일종의 오디션을 요청했고 여러 가지 질문을 퍼부으며 달달 볶아댔다.

"당신은 어떤 영화를 만들어 왔죠? 어떤 과정을 걸쳐서요? 뮤지컬 〈헤어〉를 보고 어떤 느낌을 받았나요? 당신은 동유럽인이고 나는 미국 여성이에요. 우리가 어떻게 협력할 수 있을지 생각해봤나요?"

그리고 난 전례 없는 요청을 했다.

"당신의 영화를 보여주세요."

이는 무척 어려운 요구였다. 1970년대에는 DVD가 없었다. 비디오테이프 또한 흔하지 않았다. 사적으로 영화를 상영하기 위해서는 영화관을 빌리고 영사기사를 고용해야 했다. 이 경우, 오직 나 한 사람을 위해.

그는 나의 요구에 웃지 않았다. 대신 자신의 영화를 보여주고 이야기를 들려주었으며 나의 제안에 귀를 기울였다. 그리고 나는 2년 동안의 작업이 될(당시에는 그렇게 오랜 시간이 걸릴 것이라 예상하지 못했다) 계약에 흔쾌히 사인했다.

영화 제작은 협력의 궁극을 경험하게 하는 작업이다. 영화 제작은 마치 군사 작전의 수행이나 종교전쟁과도 같다. 수백 명의 사람이 함께 모여 (때때로 멀리 떨어진 곳에 고립되어) 한 가지 목적을 위해 일한다. 대단히 오랜 시간이 걸리고, 그들만의 농담들이 오가며, 비밀스러운 연대와 공적인 다툼이 일어난다. 그리고 다양한 분야의 베테랑들이 한데 모인다.

이 작업에는 이기주의가 설 자리가 없다. 다른 사람과의 협력 없이는 설고 영화가 만들어질 수 없기 때문이나. 그 현장에서 나는 선에 노트던 많은 것을 배웠다.

밀로스 포만에게 배운 것은 협력이란 대단히 정밀한 의사소통에 의존한다는 사실이다. 최적의 사람에게 최적의 때에 최적의 방법으로 말하라.

다음은 현장에서 포만에게 배운 것이다.

다른 사람들에게 동기를 부여하고 노력하게 만들려면 절대로 소리를 질러서는 안 된다. 소리를 지르는 것은 지나친 행위다.

만약 소리 지르고 싶은 생각이 들거든 일단 한 발 물러서라. 화가 치밀어 오른다고 느낄 때 포만은 숙소로 건너가 잠을 청했다. 나는 혈기를 누르기 위해 연습실 벽을 세게 내리치곤 했다.

꼭 필요한 것을 얻고, 끊임없이 좋은 자원을 확보하고, 철저히 검토하고 점검하는 일에 양심의 가책을 느끼지 마라. 한번은 매우 존경받는 여배우 한 명이 자신이 좋아하는 드레스를 입었는데, 포만은 그 드레스의 색깔이 마음에 들지 않았다. 그녀에게 의상을 바꿔 입으라고 말하는 대신 포만은 자신이 원하는 색깔이 나올 때까지 의상감독에게 지시해 아주 서서히 드레스의 색깔이 바뀌도록 만들었다.

포만은 수많은 사람들 앞에서 친밀감을 표현하는 방법을 알았다. 그는 악수하고 어루만지고, 옆구리를 쿡 찌르고 쓰다듬었다. 말하자면 마치 애완동물에게 하는 것처럼 다정한 스킨십을 했다. 배우들은 관심에 목말라 한다. 단지 그들의 팔꿈치를 아주 부드럽게 문지르는 것만으로도 배우들에게 다음의 메시지를 전할 수 있다.

"난 네 곁에 있어. 난 네 편이야."

그러면 실의에 빠져 만신창이가 된 배우도 순식간에 당신을 신뢰한다. 싸구려 속임수라고? 장담하건대 분명 효과가 있다. 나는 그런 경우를 여러 번 보았다. 인간의 몸짓에는 강력한 진실이 있다. 지금 팔을 뻗어라.

나는 누군가의 어떤 의견이나 제안도 감사히 받아들여야 한다는 사실을 배웠다. 포만은 모든 사람의 의견을 환영했다.

나는 "감사합니다"라는 말의 힘을 배웠다. 기회 있을 때마다 하루에 수십, 수백 번씩 감사를 표하라.

그리고 마지막으로, 나는 매순간 어떤 문제 앞에서도 유연하게 대처하는 포만의 모습을 보았다. 그는 어떤 역경을 만나더라도 목표에 집중하고 작품에 대해서만큼은 결코 타협하지 않았다.

함께 일하면서 나는 밀로스 포만과 리처드 애버던과 친구가 되었다. 이미 아주 친한 친구가 돼버린 이와 협력을 시작하게 된 경우는 딱 한 번이나.

내가 불과 세 살 먹은 아기였을 때, 제롬 로빈슨은 〈팬시 프리Fancy Free〉의 안무를 맡았고 그후 계속해서 명성을 누려오고 있다. 1960년대에 뉴욕에 왔을 때, 나는 아무런 거리낌 없이 위대한 안무가들을 찾아가 춤을 가르쳐달라고 졸랐다. 하지만 제롬 로빈슨에게만큼은 그럴 수 없었다.

1974년 마침내 나는 그에게 전화를 걸어 다소 퉁명스럽게 말했다.

"우리가 모르는 사이로 지낸다는 건 참으로 바보 같은 일이에요."

저녁식사를 하면서 우리는 친구가 되었다. 나는 그의 작품을, 그는 나의 작품을 보았다. 우리는 끊임없이 춤에 대해 이야기를 나누었다. 우리는 함께 음악을 들었고 악보를 들여다보았다. 그렇지만 협력에 대한 아이디어는 딱히 떠오르지 않았다.

몇 년이 흐른 후, 제롬이 함께 발레를 만들어보자고 제안했지만 나는 거절했다. 수년간 내 입장에는 변화가 없었다. 제롬은 내가 거절한 이유를 이해했다. 나는 그와 협력해 만들어낼 무대보다 우리의 우정을 훨씬 더 소중하게 여겼다. 만약 함께 일한다면 우정에 금이 가지 않을까 걱정했다.

하나의 춤에 두 명의 안무가? 그런 일이 어떻게 가능하겠는가? 자원과 결정권을 둘러싼 거의 필연적인 줄다리기에서 누가 승리를 거둘 것인가? 제롬은 이렇게 말했다.

"모든 것을 동등하게 나눈다면 아무런 문제도 없을 거요."

하지만 이런 생각이 들었다.

"부엌에 주방장이 두 명이라고 하면 사람들이 뭐라고 이야기할까?"

그러나 아마도 지구상에서 가장 섬세한 감성의 안무가와 대화하면서 민간의 속담을 끌어들이는 건 아무래도 바보 같은 짓 같았다. 내가 물었다.

"발레에 이야기 구조를 넣을 건가요?"

"그럴 수도 있겠지요, 스토리가 있다면."

"아직은 없어요. 하지만 함께 만들었으면 좋겠어요."

"차라리 추상 발레를 시도해보는 건 어때요?"

"그렇다면 브람스의 〈헨델 주제에 의한 변주곡과 푸가Variation and Fugue on a Theme〉에 맞춰 해보는 건 어때요? 이미 곡 자체도 일종의 협력의 산물이기도 하고요."

제롬은 G. 발란친에게 가서 그 곡의 오케스트라 버전을 사용하고 싶다고 말했고, 발란친은 동의했다(그 곡은 원래 두 개의 피아노를 위해 작곡된 것이다).

자, 이렇게 나는 아주 가까운 친구와 함께 일하게 되었다. 우리가 어떤 일을 어떻게 하게 될지 정확히 알지도 못한 상태에서.

그리고 얼마 안 있어 발란친이 세상을 떠났다. 발란친 없는 세상? 그의 빈자리는 너무나 클 터였다. 무용계는 물론 제롬의 삶에도.

"우리 작품은 발란친 사망 이후 뉴욕시립발레단이 처음 올리는 공연이고, 거기에 내 이름이 들어가는 거예요."

연습 첫 날, 연습실에는 설렘과 깊은 슬픔이 공존했다. 발란친이 죽은 지 몇 주가 흘렀지만 발레단은 그의 죽음을 받아들이지 못하고 있었다. 발레단 전체가 마비 상태에 빠졌다. 연습실 중앙에는 피터 보얼이 서 있었다. 그는 학교를 졸업하자마자 이곳에 와 지난 10년간 철저한 훈련을 마치고 이제 막 비상하려는 젊은이였다. 그리고 여기, 발란친의 철저한 지도를 받아 기량을 갈고 닦은 위대한 발레리나 메릴 애실리와 마리아 칼레가리가 있다.

발란친의 열정적이며 천재적 지도로 훌륭하게 성장한 이들 앞에서 내가 다른 무언가를 주문한다는 것 자체가 신성모독처럼 느껴졌다. 그는 무용수들에게 무엇이든 요구했을 것이고, 무용수들은 그의 말에 따라 움직였으리라. 내가 과연 그럴 수 있을까? 제롬 역시 나와 같은 심정이었다. 우리는 걱정됐지만 달리 방법이 없었다. 그저 최선을 다하는 수밖에.

우리는 명확한 사실을 깨달았다. 이 공연은 발란친에게 바치는 무대가 될 것이다. 무용수들 역시 똑같이 느끼는 것 같았다. 그들의 결단과 꿋꿋함 속에서 나는 그 사실을 알았다. 내가 아무리 반복해서 동작을 연습시켜도 그들은 싫은 내색 하나 없이 최선의 노력을 다했다. 몸을 사리느니 죽겠다는 각오였다.

더욱 인상 깊었던 것은 혁신에 대한 무언의 요구였다. 조수에서 반주자, 무용수 할 것 없이 모두가 혁신을 갈망하고 있었다. 발레단 전체가 어떤 새로운 것을 만들어내기 위해 노력했다. 그리고 그것이야말로 발란친이 그들에게 강조한 정신이다. 모든 위대한 무대가 보여주는 것 또한 이것이리라.

나는 늘 새로운 걸 추구해 왔다. 하지만 이번 공연에서는 그의 발레를 기념하고 싶었다. 비록 발란친의 발레에 대한 세밀한 지식은 없었지만, 나는 그가 만들어낸 몇몇 위대한 순간의 영상을 마음속에 간직하고 있었다. 그리고 서툴게나마 그것들을 한데 엮기 시작했다. 제롬은 훌륭한 파트너였고 나는 그 사실을 십분 이용했다. 이러한 요소들을 종합해 나와 제롬은 주제에 대한 변주들을 만들어내기 시작했다. 제롬은 특히 존경하는 마음을 담아 발란친의 방식대로 안무를 짰다.

애초에 별다른 규칙 없이 시작했지만, 제롬과 나는 극의 콘셉트를 어떻게 잡을지 의견을 모았다. 우리는 〈웨스트사이드 스토리〉와 같은 구조를 택했다. 파랑과 초록의 두 팀이 등장하는. 색깔은 어떻게 정한 걸까? 간단했다. 제리는 파랑, 나는 초록을 원했다.

서로의 의견을 존중하는 건 단순히 예절이나 존경심 때문만은 아니었다. 거기에는 동양적인 사고방식이 작용했다. 세찬 바람이 불어올 때는 몸을 굽히는 게 생존에 유리하다. 나는 격투기 팬은 아니지만 다음과 같은 기술을 익히 보고 들어 알고 있다.

"자신의 녹석을 위해 상대의 힘을 이봉하라."

제롬과 나 사이에는 이기고 지는 문제가 개입되지 않았다. 그저 함께 놀며 과정 자체를 즐겼다.

우리는 두 팀의 무용수들이 필요했다. 제롬은 메릴, 나는 마리아를 택했다. 그러나 제롬은 일단 정해진 것을 바꾸고 바꾸고 또 바꾸었다. 그게 제롬의 스타일이었다. 그는 가만히 있지 못하는 성격이었다. 한 가지에 집중하는 데 시간이 걸렸고 가만히 앉아 있다가도 어느새 저 멀리 움직이고 있었다. 나는 여러 해 동안 그런 제롬의 모습을 지켜보았고, 아마도 곧 죄책감과 불안감이 찾아올 거라고 예상했다. 제롬 역시 자신의 행동을 알고 있었지만, 안다고 믿지 않았다. 그는 갈팡질팡했다. 나는 무대에 올릴 만해질 때까지 연습하면서 계속 다음 단계로 나아가는 스타일이다. 나는 작품 전체를 보고 난 후 다시 동작들을 수정할지도 모른다. 아니 수정할 것이다. 그러나 여전히 나의 첫 직감을 신뢰하며 특별히 잘못되지 않는 한 일부러 고치려 하지는 않는다.

기질이 다른 두 명의 안무가가 함께 일하려면 서로의 길에서 멀찍이 떨어져 있어야 한다. 제롬은 날마다 내 연습실을 그냥 스쳐 지나갔고 연습이 끝난 저녁에야 찾아와 나의 작업을 확인했다. 그럴 때마다 그는 배역을 맞바꾸자는 제안을 했다.

"내 여성 무용수 가운데 세 명을 데려가요. 대신 남자 무용수 두 명을 줘요."

상냥하게 말했지만 그는 결국 자신의 뜻대로 했고, 내가 이미 짠 안무를 조금씩 바꾸곤 했다. 때문에 나 역시 다음날이면 동작들을 다시 손봐야만 했다. 끊임없이 서로의 작업을 바꾸고 수정하면서 상황은 점점 수렁으로 빠져들었다.

이때 제롬이 초연을 다음 시즌으로 미루자고 제안했다. 그 소식을 들은 뉴욕시립발레단의 공동설립자 링컨 커스틴은 이렇게 말했다.

"발란친은 결코 그딴 식으로 일하지 않았어!"

그리곤 제롬에게 소리쳤다.

"당장 때려치우게!"

해결책을 찾아야 했다. 우리는 각자가 원하는 동작을 번갈아 넣기로 했고 작업을 마무리했다.

초연 날 저녁, 나는 두 개의 움직임이 혼합된 전혀 새로운 무대를 보았다. 자랑스러움과 성취감이 몰려왔다. 제롬 역시 그랬으리라.

누가 더 많은 결정권을 갖느냐는 사실상 큰 문제가 되지 않았다. 객석에 앉아 나는 제롬이 준 선물 하나를 떠올렸다. 그는 유럽의 어느 곳에선가 그 그림을 샀다고 했다.

"아마 집시 노점상에게 샀을 거예요."

그림에는 쌍둥이처럼 보이는 두 명의 소녀가 춤을 추고 있다. 둘은 서로의 뒤집힌 이미지다. 한 명은 파랗고 붉은색 옷을, 다른 한 명은 붉고 파란색 옷을 입고 있다. 무대 위의 무용수들을 바라보면서 나는 제롬과 내가 한 일이 무엇이었는지 일 수 있었다. 때때로 나는 그가 한 작업과 내가 한 작업을 바로 구분할 수 있었다. 똑같은 음악에 대한 완전히 다른 두 가지 접근법을 말이다. 그러나 어떤 때는 그 구분이 모호했다.

제롬은 나의 둘도 없는 대화 상대이자 친구다. 나는 그와 함께 작업할 수 있어 좋았다. 그리고 우리가 우정을 지키기 위해 끝까지 책임을 다했다고 말할 수 있어 더욱 기쁘다.

지난여름, 그 공연이 다시 무대에 올랐다. 공연을 보고 밖으로 나왔을 때, 햇빛 사이로 비가 내리고 있었다. 춤은 덧없는 예술이다. 춤은 말 그대로 사라져버린다. 그러나 작품이 나와 제롬을 영원히 묶어주고, 우리를 다음 세대의 무용수들과 연결해준다는 것은 또한 얼마나 큰 아이러니인가?

제롬과 일을 시작하면서 나는 상식을 결코 잊어서는 안 된다는 사실과 직관을 발휘해 상식을 이용해야 한다는 사실을 배웠다.

또한 나는 명확한 경계선이 필요하다는 것을 배웠다. 나는 그를 격려했지만 결코 다음과 같은 말은 하지 않았다.

"제롬, 문제가 생겼어요."

"도대체 일을 어떻게 하고 있는 거예요?"

나는 항상 제롬을 웃게 할 자신이 있었다. 때때로 유머는 당신에게 정말로 많은 것들을 허락해준다.

그리고 가장 중요한 교훈은 성공적인 협력관계에는 주인이 존재하지 않는다는 사실이다.

누군가 친구와 협력하는 것에 대한 의견을 묻는다면, 나는 대체로 권하지 않는 편이다. 그러나 나는 친구와 좋은 협력관계를 맺을 수 있어서 기뻤다. 함께 일하면서 우정 또한 지키려면 특별한 에너지와 주의가 필요하다는 사실을 결코 잊지 않길 바란다.

꿈과 꿈이 만나 현실이 되다_퀴리 부부

> 완전히 개인적이며 동시에 직업적인 협력관계를 맺는 일은 가능하다.
>
> 특히 과학이나 기술 분야에서 성공적인 파트너십은 혼자서 일할 때보다 훨씬 더 빠른 성과를 낸다.
>
> 때때로 어떤 분야에서는 여성이 남성 파트너와 일할 때 더 빨리 발전할 수 있다.

마리아 스코도프스카의 부모는 폴란드의 교사였다. 그들은 전 재산을 애국운동에 탕진하고 가난한 생활을 했다. 마리아는 대단히 명석했고 공부에 전념했다. 파리에 유학을 간 마리아는 겨울에 난방도 되지 않는 방에서 살았다. 그녀는 너무 추운 나머지 가지고 있는 모든 옷을 몸에 두르고 나서야 잠자리에 들 수 있었다. 마리아는 얼마 안 있어 소르본대학교에서 수학 전공으로 학위를 받았다. 1894년 파리에서 그녀는 물리와 화학을 강의하는 피에르를 만났다. 그들은 공통의 관심사가 많았고 특히 인습을 타파하려는 성향이 비슷했다. 둘의 유대관계는 절대적이었다. 피에르는 마리아에게 보낸 편지에서 이렇게 쓰고 있다.

"우리가 함께 꿈꾸며 살 수 있다면 더할 나위 없이 행복할 것입니다. 해방된 폴란드를 향한 당신의 꿈, 인도주의와 과학에 대한 우리 두 사람의 꿈을 말입니다."

이듬해 둘은 결혼했고 축의금을 털어 자전거 두 대를 샀다. 그들은 자전거를 타며 여가를 보냈다. 그리고 나머지 시간에는 허름한 연구실에서 함께 일했다.

두 사람은 함께 일할 때 가장 행복했다. 짝을 이뤄 일하면서 빠른 속도로 발견에 발견을 거듭할 수 있었기 때문이다. 1897년에 마리아는 아이를 낳았다. 모유를 먹이기 위해 집을 오가는 시간이 너무 많이 걸려 유모를 고용했고, 이어 아기를 친정아버지에게 맡겼다. 그리고 다시 연구에 전념했다.

둘은 방사선(방사선이라는 이름 또한 두 사람이 지었다)을 발견했고 1903년 노벨물리학상을 수상했다. 당시에는 방사선이 인체에 치명적이라는 사실이 발견되기 전이었다. 그래서 둘은 방사선 물질을 연구실에서 꺼내와 주머니에 넣고 다녔으며, 어둠 속에서 빛나는 모습을 지켜보았다. 결국 두 사람은 방사능에 중독되었다.

1906년 피에르가 세상을 떠나자 마리아는 그의 관 속에 자신의 사진을 넣었다.

"피에르, 이 사진은 당신을 무척이나 행복하게 한 여자의 것입니다. 당신은 그 여자를 불과 몇 번밖에 보지 않았지만 기꺼이 삶을 나누기로 마음먹었지요. 당신은 내게 종종 이렇게 말했어요. '살면서 망설임 없이 한 일은 단 한 가지요. 바로 당신과 함께 살기로 한 것.' 그토록 강한 확신을 지닌 당신은 정말 내게 잘해주었어요. 피에르. 난 우리가 실수했다고 생각하지 않아요. 우리는 함께 살도록 만들어진 사람이었어요. 우리의 결합은 필연입니다."

1911년, 마리아 퀴리는 노벨화학상을 수상했다. 그녀는 두 개의 분야에서 노벨상을 수상한 역사상 단 두 명의 과학자 가운데 한 명이다. 그러나 당시 여성에 대한 차별의 벽은 두터웠다. 그녀는 남성으로만 구성된 프랑스과학회의 회원이 될 수 없었다. 또한 이후 한 과학자가 가정을 버리고 그녀와 사랑에 빠졌을 때 세간의 모든 비난은 마리아에게만 쏟아졌다.

1934년, 그녀가 세상을 떠났을 때 알베르트 아인슈타인은 이렇게 말했다.

"마리아 퀴리는 모든 유명인사 가운데 결코 그 명성이 쇠하지 않을 존재입니다."

이런 찬사는 일찍 세상을 뜬 탓에 종종 간과되곤 하는 피에르 퀴리에게도 그대로 적용된다. 퀴리 부부가 첫 번째 노벨상을 수상했을 때, 스웨덴왕립과학회 의장은 두 사람을 묘사하면서 창세기를 인용했다.

"여호와 하나님이 이르시되 사람이 혼자 사는 것이 좋지 아니하니 내가 그를 위하여 돕는 배필을 지으리라 하시니라."

무신론자였던 마리아는 이 말에 질겁했을지도 모른다. 그러나 그의 또 다른 인용구에는 결코 불평할 수 없었으리라.

"함께 하면 더욱 강해집니다."

정의는 때때로 아주 천천히 실현된다. 1995년에야 마리아 퀴리의 재는 판테온의 피에르 퀴리 옆에 안장되었다. 위대한 프랑스 남성들을 기리는 비碑로 가득한 그곳에서, 그녀는 자신의 업적으로 안장된 최초의 여성이 되었다.

08

함께 일하라,
혼자서는 결코 축배를 들 수 없다

협력은 21세기의 유행어다. 누가 하느냐보다 누구와
하느냐가 중요하다. 진심으로 협력했다면, 그 결과가
성공이든 실패든 나를 성장하게 한다.

"네가 가는 곳에 네가 있게 될 것이다."

숭고한 이상을 좇았던 15세기 수도사 토마스 아켐피스는 이렇게 말했다. 그러나 그는 인간적 현실 또한 외면하지 않았다. 아무리 더 나은 인간이 되려고 노력해도 우리는 결국 불완전할 수밖에 없는 인간임을 그는 알고 있었다.

그렇다, 우리는 약점을 지닌 존재다. 그럼에도 인간은 아주 많은 일을 할 수 있다. 이때 다른 이들이 친구나 협력자가 돼주는데, 그러면서 약점은 점점 마모되어 다룰 수 있는 크기로까지 작아지기도 한다.

내 평생의 협력자였던 프랭크 시나트라가 내게는 그런 사람이었다.

아주 어렸을 때, 어머니는 나를 위해 피아노를 연주하곤 했다. 어머니는 쇼팽과 바흐를 사랑했지만 대중음악 역시 좋아했다.

그렇게 나는 처음 시나트라를 알게 되었다. 어머니는 늘 이렇게 말씀했다.

"그는 정말이지 최고야!"

30년 동안 나는 시나트라의 음악에 맞춰 총 세 편의 작품을 무대에 올렸고, 그와 두 차례 한 무대에 섰다. 한번은 뉴욕에서, 다른 한번은 백악관에서. 함께 저녁식사를 한 적도 있다. 특유의 달콤한 자기비하 속에서 시나트라는 내게 이런 극찬을 해주었다.

"덕분에 많은 걸 배웠습니다."

이런 이유로 어머니는 내가 시나트라와 개인적인 친분을 쌓은 가까운 친구라고 생각하는 것 같다.

그러나 꼭 그런 건 아니다.

최근 몇 년 동안 나는 연달아 협력작업을 해왔다. 멀리 떨어진 지역에 가서 강연을 하기도 했고 새로운 기회들을 탐험하기도 했다. 긴장되고 지친 날들의 연속이었다.

그 가운데 나를 가장 힘들게 한 것은 밥 딜런의 음악으로 작업한 〈시대는 변한다〉였다. 빌리 조엘과 작업한 댄스 뮤지컬 〈무빙 아웃〉과 마찬가지로 이 작품 역시 큰 성공을 안겨 주었다.

그러나 〈무빙 아웃〉과 달리 많은 논란을 일으키기도 했다. 그리고 상업적 관점에서 봤을 때, 이 작품은 애처로울 정도로 일찍 막을 내렸다.

무엇이 잘못된 것일까?

어떤 면에서 그것은 내 잘못이라기보다는 집착이 강한 밥 딜런의 팬층 때문이었다. 딜런의 추종자들은 그를 숭배할 뿐 아니라 소유한다고 느낀다. 따라서 딜런의 음악에 대한 내 해석은 적절한 것이었는지는 몰라도 현명한 것은 아니었다.

딜런은 자신의 음악을 새로운 관점에서 들여다보는 것을 저어하지 않았지만, 팬들은 달랐다.

또한 나는 대단히 기본적인 실수를 저질렀다.

처음 딜런의 음악으로 작업을 시작했을 때 나는 사랑 노래만을 사용하기로 했고 그 아이디어가 무척이나 마음에 들었다. 그 노래들은 그의 대표곡이라고 할 수는 없는 것들이었는데, 프로듀서들은 최고의 히트곡들만을 쓰고 싶어 했다. 딜런은 화를 내고 책망하고 맞섰다.

게다가 그는 아름다운 노래 수편을 새로 썼고 나는 그 음악에 맞춰 춤을 추고 싶었다. 아마 그 곡들을 사용했다면 더욱 긴장감 있는 쇼를 창조할 수 있었을 것이다.

하지만 나는 처음의 직감에서 한 발짝 물러서면서 내 기본 원칙을 저버렸다. 대신 볼거리가 넘치는 화려한 무대를 선보였다.

세상이 당신의 비전을 인정해주지 않을 때 어떻게 하는가?

나는 치료의 단계를 거쳐 다시 태어난다.

7이라는 숫자는 자기계발서 작가들의 매직넘버다. 모든 변화는 일곱 단계를 거치는 것 같다. 그러나 나는 다섯 단계를 거친다.

첫 번째는 슬퍼하고 비탄에 잠기는 단계다. 정신과 영혼의 먼지를 털어낼 때까지 아무도 없는 황야에서 2주 밤낮을 울며 지새운다면 나는 다시 원기를 회복할 수 있을 것이다. 그래도 실패하면 연습실로 달려가 춤을 춘다. 내가 애초에 염두에 두었던 딜런의 사랑 노래에 맞춘 춤을.

대체로 나는 손해는 빨리 잊고, 얻은 것은 오래 기억한다. 그리고 더 좋은 아이디어를 찾아 떠난다. 하지만 딜런의 경우 아쉬움이 많이 남았다. 그의 음악에 맞춰 더 많은 시도를 해볼 수 있었을 텐데. 게다가 애초의 내 아이디어가 좀더 나은 결과를 가져오지 않았을까 확인해보고 싶었다.

나는 어떤 후회의 감정도 남기고 싶지 않았다. 따라서 나의 슬픔이 끝날 때까지 나는 한 차례 더 춤을 추었다. 치료로서의 춤, 후회라는 괴물을 쫓아버리는 춤을.

그러고 나서 2007년 봄, 딜런의 사랑 노래가 여전히 머릿속을 맴돌고 있을 때 〈무빙 아웃〉에 출연했던 여성 무용수 세 명이 나를 찾아왔다.

"춤을 추고 싶어요."

"지금은 적당한 배역이 없는데."

그들은 상관하지 않았다. 그저 춤추길 원했을 뿐이다. 나와 함께, 그리고 다른 이들과.

"그렇다면 좋아요."

나는 그들을 위해 자리를 마련해주었다.

두 번째 단계. 여전히 적극적으로 뛰어들지는 않은 채 약간 낙관적인 기분으로 앞을 내다보고 있다. 몸에 다시 힘이 솟는 걸 느낀다. 눈을 크게 뜨고 시선을 앞쪽에 고정하고 최근의 경험에서 얻은 교훈을 재인식

한다. 확신에 차 있냐고? 그저 축하하고 기념하고 싶었다.

누구와 함께? 내가 처음 이끌었던 무용단에서 단지 춤에 대한 열정만으로 춤추었던 그녀들과 함께.

우리에게는 다른 음악이 필요했다. 그때 떠오른 사람이 프랭크 시나트라였다.

나는 전에도 시나트라의 음악으로 여러 차례 작업했다. 따라서 마치 예전의 협력자에게 돌아온 것 같은 기분이 들었다. 그 기분은 묘했다. 집으로 다시 돌아온 걸까? 그러나 집은 이제 그곳에 없다. 집이라는 느낌 또한 정확히 규정하기 힘든 흔들리는 과녁이었다.

마이애미시립발레단과 아메리칸발레시어터, 그리고 시애틀에서의 발레 준비 과정과 초연 사이에서, 우리는 내 방 거실에서 안무를 짜고 연습을 했다. 그리고 마침내 〈컴 플라이 위드 미Come Fly with Me〉가 탄생했다. 우리는 시나트라의 노래에 맞춰 춤을 추었다.

세 번째 단계. 새로운 아이디어가 실제로 작동하기 시작한다. 이 단계에서는 세 가지 질문을 해봐야 한다. 이 일을 하려면 무엇이 필요한가? 적합한 수단, 즉 프로젝트를 연습실에서 무대로 옮길 무용수들이 있는가? 나는 이 문제로 골머리를 썩일 필요가 없었다. 이들 무용수 중 일부는 1980년대 말부터 나와 함께 일해 왔다. 그들은 산전수전을 겪은 노장들이었다. 하지만 음악감독과 디자이너, 사업 파트너는?

네 번째 단계는, 바로 나다.

협력을 시작하기 전에 반드시 다음 질문을 던져봐야 한다. 나는 과연 이 일을 할 수 있는가? 충분한 체력과 정신력이 있는가? 이는 종종 답하기 가장 힘든 질문이다. 인간은 자기기만에 능하기 때문이다. 물론 할 수 있고말고! 다른 사람들도 그렇게 생각할걸? 자, 제발 객관적 시선을 가져라. 리더가 넘어지면 회사 역시 무너진다.

나는 1985년부터 헬스 전문 트레이너 션 켈러허와 함께 운동하기 시작했다. 당시 나는 일주일에 다섯 차례나 체육관을 찾았다. 어깨 운동, 복근 운동, 다리 운동을 쉬지 않고 모두 35분 안에 끝냈다. 체구가 작았지만 난 전력을 다했고 최대 100킬로그램까지 들어올렸다.

그러나 약 일 년 반 동안 나는 운동을 게을리 했다. 나는 그 이유를 알고 있었다. 나이가 들었다고 느낀 것이다. 실망과 좌절이 밀려왔다. 예전의 무게를 들어 올릴 수 없다는 사실에 화가 났다. 온몸의 상태가 예전 같지 않았다. 세상을 떠나는 친구들이 하나 둘 생겼다. 정말이지 우울하기 짝이 없었다.

체육관에 간다고? 그것은 더 이상 효과적인 투자가 아닌 것 같았다.

그러나 이제 나는 다시 체육관으로 돌아가야 했다.

션은 개인적으로 최선을 다하는 것 역시 도전이라는 사실을 보여주었다. 이는 갈등이나 이기고 지는 것과는 다른 문제다. 대신 자기 자신과의 싸움이다. 힘든 운동을 할수록 더 강해진다.

그래서 나는 다시 체육관에 정기적으로 나가기 시작했지만 예전처럼 미친 듯이 열중하지는 않았다. 그리고 이번에는 단지 신체를 단련하기 위해서만 체육관을 찾지 않았다. 운동을 하면 머릿속이 맑아진다는 사실을 알게 되었기 때문이다.

운동하면서 또 다른 변화가 감지되었다. 나는 이제 더 이상 택시에 몸을 구겨 넣으며 하루를 시작하지 않는다. 당시 나는 택시 뒷좌석에서 나만의 생각에 빠져 있거나 혹은 택시 기사가 일부러 먼 길로 돌아가지 않나 신경을 곤두세우곤 했다.

그러나 이제는 택시에 올라타 문을 닫으며 먼저 "좋은 아침입니다"라고 인사를 건네고 목적지에 가는 길을 설명한다. 그리곤 대화를 시작한다. 이전과 다른 점은 나의 접근법이 변화했다는 사실이다. 협력 경험 덕분에 나는 이제 적극적으로 세상과 만나려 한다.

다섯 번째 단계. 결국 자신과의 마지막 조우는 내면적인 것이다. 나의 동기는 무엇인가? 왜 다시 시나트라의 음악에 맞춰 춤추려 하는가? 그것은 신선하고 새로운 시도일까? 나는 적극적으로 이 프로젝트에 임하고 있는가? 그게 아니라면 혹시 긴장감을 잃고 안주하려 들며 오래된 주제를 재탕해 먹으려는 것은 아닐까?

1984년, 나는 전설적인 권투선수이자 한때 어린 마이크 타이슨의 트레이너로 일하기도 했던 테디 아틀라스와 함께 훈련했다. 당시 나는 마흔세 살이었고 오랜만에 공연을 앞두고 있었다. 나는 대중에게 건재함을 승명하고 싶었다. 테디는 훌륭한 트레이너 그 이상이었다.

"나는 컴컴한 어둠 속에 들어가더라도 결코 좌절하지 않는 방법도 가르칠 겁니다."

그는 내 육체뿐 아니라 영혼까지 훈련시키려 했다. 그는 최고의 싸움꾼 또한 상대방에게 얻어맞는다는 사실을 알았다. 기술보다 더 중요한 자질은 두려움을 극복하고 주어진 현실을 거부할 수 있는 의지였다.

테디는 사람들에게 잊히는 것을 두려워하지 않았지만, 필요하다면 언제든 대중 앞에 나섰다. 그는 한때 마이클 무어러라는 헤비급 챔피언 선수를 가르쳤다. 테디는 그의 트레이너였을 뿐 아니라 고해신부이자 심리치료사였다.

테디는 무어러가 두려워한다는 사실을 알았다. 두려움을 극복하지 못한다면 무어러는 아무리 잘 싸워도 이기지 못할 것이다. 그는 점점 훈련에 시들해졌고 술을 마셨으며 아침 조깅도 건너뛰었다. 무어러는 늘 변명거리를 찾아다녔다. 테디는 조직적으로 무어러가 도망갈 만한 길을 모두 차단해버렸다.

무어러는 에반더 헤비급 통합 챔피언 타이틀매치에서 홀리필드를 때려눕힐 만한 기회를 계속 잃으면서 판정패를 당할 위기에 처했다. 그러자 8라운드 막판에 테디가 링으로 기어올라 선수용 의자에 앉았다. 그리곤 소리쳤다.

"맞서 싸울 의사가 없다면 내가 대신 싸울 거야!"

무어러는 어쩔 줄 몰랐다.

"네가 타이틀을 차지하고 싶어 할 때까지 난 절대 링 밖으로 내려가지 않을 거야."

테디가 물었다.

"이기고 싶나?"

"네."

"그렇다면 사람들에게 보여줘."

그리고 무어러는 해냈다. 가까스로 거둔 승리였지만 어쨌든 그는 챔피언이 되었다.

나는 테디와 함께 운동했고 정해진 기간이 끝났을 때는 세상과 맞설 준비가 되었다.

시나트라의 음악에 맞춘 무대를 구상하면서 난 테디와의 훈련을 자주 생각했다. 그러자 생각이 또렷해지기 시작했다. 난 달라졌다. 적극적으로 달려들었고 새로운 가능성과 요소들이 보이기 시작했다. 어떻게 안무를 짜야 할지 머릿속에서 그림이 그려졌다. 가슴속에는 정직한 열정이 타올랐다. 나는 기꺼이 열정에 몸을 맡기기로 했다.

사람의 감정은 결국 드러나기 마련이다. 감정은 직장이나 학교, 공장

등 사람들이 협력해서 함께 일하는 곳 어디서든 끓어오른다. 특히 무용단에서는 감정들이 날마다 수면 위로 떠오른다.

무용수들은 다른 사람이 쉽게 이해할 수 없을 정도로 완전히 자신의 춤과 예술에 헌신한다. 그들은 날마다 육체적 고통을 견디며 부상을 숨긴다. 기분이 가라앉아 있더라도 음악만 흐르면 언제 그랬냐는 듯 힘이 솟는다.

사랑 이야기는 이런 감정들을 달구고 극적으로 고조시키며 폭발시킨다. 여기에 고대에서 내려온 방법이 덧붙여진다. 갈등이 그것이다. 영화 〈카사블랑카〉의 주제곡 〈세월이 흘러도As Time Goes By〉를 떠올려보라 (나는 프랭크 시나트라 버전을 좋아한다). 거기서 화자는 사랑을 얻기 위해 투쟁한다. 사랑을 얻기 위한 투쟁은 피할 수 없는 걸까? 어떤 관계도 맺지 않는다면 싸울 필요도 없을 것이다. 그러나 그걸 원하는 사람은 별로 없다. 무용계에서는 더더욱 불가능하다. 무용의 핵심은 관계이기 때문이다. 단 한 명의 파트너와 혹은 다른 많은 무용수들과의.

모든 연인을 한 번에 설명해줄 수 있는 말은 없다. 백 쌍의 연인을 붙들고 물어보라. 그들은 모두 자신의 사랑을 유일한 것으로 여긴다. 그래서 나는 이번 공연에서 하룻밤 사이에 한 클럽에 모인 네 쌍의 연인을 보여주기로 했다. 연인들은 함께 클럽을 찾았다가 떠날 때는 다른 사람의 연인과 함께 사라진다. 나는 그 사이에 도대체 무슨 일이 일어났는지 보여줄 것이다. 각각의 등장인물은 뚜렷한 캐릭터를 지니지만 공통적으로 한 가지 믿음을 갖고 있다. 사람 때문에 마음의 상처를 입지만 결국 삶을 의미 있는 것으로 만들어주는 최고의 기회는 또다시 사람이라는 믿음 말이다.

시나트라의 수많은 노래에는 이런 믿음이 깔려 있다. 우리의 인생도 마찬가지리라. 내게 이 믿음은 낯설지 않다. 하지만 이번에 나는 관계의 중요성에 대한 새로운 관점을 얻기 위해 분투했다.

나의 친구 리처드 애버던은 꾸준한 독서가인데, 그는 종종 내게 마르셀 프로스트의 《잃어버린 시간을 찾아서》에 대한 자신의 사랑을 토로하곤 했다. 리처드가 세상을 떠난 후 나는 그 책을 읽기 시작했다. 그리고 중요한 사실을 깨달았다.

소설의 마지막 권에서 화자는 시골에 있는 친구 집을 방문한다. 집 안뜰로 들어가자 발끝에서 울퉁불퉁한 자갈들이 느껴졌다. 화자는 이렇게 말한다.

"그 순간 나를 위축시키는 모든 것들이 사라졌다…… 미래에 대한 불안, 지적인 회의가 사라졌다."

그는 현재에서 탈출해 '사물의 본질'을 본다.

이 구절을 읽으며 머릿속이 순식간에 냉철하게 정리되는 느낌이 들었다. 시나트라의 노래에 맞춘 공연을 준비하면서 난 전과는 다른 기분을 느꼈다. 그가 부른 노래의 멜로디나 가사가 변했을 리는 만무했다. 그러나 달라진 게 있었다. 나는 이제 시나트라 노래의 본질을 알게 된 것이다.

1970년대에 그의 음악을 사용했을 때 나는 시나트라에 대한 대중적 시선, 곧 '남자 중의 남자'라는 관점을 수용했다. 친구가 많고 거친 농담을 잘하는 남자, 자신의 요구에 맞춰 여성을 주조해가는 번덕스러운 연인. 지금도 남성의존적인 여성들이 있지만 예전보다는 훨씬 줄었다. 이제 동등한 파트너십, 즉 주도권을 놓고 소모전을 벌이지 않는 성숙한 남녀 관계를 바람직한 연애로 보는 시각이 보편화되었다. 따라서 나는 이번 공연에서 여성에게 이전과는 다른 역할을 부여했다. 극을 이끌고 이전에는 주로 남성이 했을 만한 행동을 하게 했다.

캐스팅을 앞두고 과거에 시나트라의 음악에 맞춘 내 공연에 출연했던 모든 남녀 무용수들의 얼굴을 떠올려 보았다. 지나간 날들에 대한 향수 때문은 아니었다. 익숙한 게 낫다는 생각 때문도 아니었다. 그보다는 좀더 적극적인 이유가 있었다. 시나트라의 본질을 잡아낼 수 있는 무용수들이 간절히 필요했다.

우리는 물론 어두운 침실에서 의식을 차곡차곡 거두어들이는 프루스트가 아니다. 본질을 잡아내기 위해 우리는 현실 속에서 움직여야 하며 다른 사람의 도움이나 반대 속에서 맡은 일을 수행해나가야 한다. 말하자면 우리는 협력을 통해 본질에 도달하는 것이다.

협력은 커넥션이다. 나는 이 공연을 준비하면서 그간의 경험이 현재의 내 작업과 어떻게 연결되어 있는지 깨닫게 되었다. 말하자면 이런 것들이다. 나는 밥 딜런과의 무대를 통해 사랑 이야기의 구조를 배웠고 그것을 현재의 작업에 적용했다. 그런데 이는 또한 빌리 조엘의 음악에서 배운 것이기도 했다. 밀로스 포만과도 비슷한 주제에 대한 영화 작업을 했다. 또한 과거로 훨씬 더 거슬러 올라가 보면 어머니가 들려주시던 시나트라의 노래가 있다. 집을 떠나온 지 오래됐다고? 그렇지 않다. 어떤 의미에서 우리는 결코 집을 떠난 적이 없다. 우리는 항상 과거를 현재에 끌어들이고 있다.

협력은 21세기의 유행어다. 우리가 협력이라는 도구를 앞으로도 계속 사용하게 될까?

우리는 소비하자마자 버리는 문화 속에 살고 있다. 효율적이고 인간적으로 일하기 위한, 지난 몇 십 년간 유행하다가 사라진 빛나는 아이디어들을 생각해보라. 목표 경영, 종합적 품질 관리, 매트릭스 관리, 과정 재설계. 이 아이디어들은 각광을 받으며 사람들의 입에 오르내리다가 사라져갔다.

새로운 대상을 향한 탐욕스러운 입맛을 생각할 때, 나는 협력의 앞날이 매우 궁금하다. 협력 또한 이전의 이론들처럼 짧고 피상적인 인기를 누리다가 갑작스레 사라져버리고 말까? 후일 사람들은 협력에 대해 이렇게 말할지 모른다.

"협력? 정말 피곤한 일이지. 1800년대 종교공동체에서 했던 일을 말하는 건가? 아니면 1960년대의 코뮌? 아니면 2010년에 반짝 유행했던 것? 정말이지 협력은 별 효과가 없었어."

그러나 진심으로 협력해본 사람은 알 것이다. 협력이 효과적이라는 사실을. 협력은 항상 효과적이며 앞으로도 그럴 것이다.

문제는 우리가 기꺼이 협력하느냐 마느냐 뿐이다.

현실의 가르침은 혹독할 수 있다. 선택은 두 가지다. '나의 길My Way'을 부르짖으며 홀로 투쟁하느냐, '우리의 길Our Way'을 노래하며 함께 싸울 것인가? 우리는 실패할 때도 성공할 때도 있을 것이다. 성공했을 때라도 다른 사람들은 그렇게 생각하지 않을 수 있다. 하지만 협력을 수행해나가면서 우리는 가장 중요한 것을 얻는다. 즉 다른 사람과 의사소통할 기회를 갖게 되고, 완전히 새로운 가치들을 발전시켜나갈 수 있는 것이다.

인생은 무대 위 공연이다. 살아가면서 우리는 각자의 역할을 발견하고 수행한다. 본질은 단지 내가 누구냐에 있지 않다. 다른 사람과 함께 있는 내가 누구냐에 있다.

결국 모든 협력은 사랑 이야기다.

We-Effect

상호존중과 동일성의 균형을 맞춰라 _ 과르네리 현악사중주단

> 강력한 목적은 일상의 짜증을 사소한 것으로 만든다.
> 상호존중은 두루뭉술한 의견불일치를 견딜 수 있게 해준다.
> 함께 협력하는 구성원들은 동일한 감정적 한계를 공유하게 된다.
> 오랫동안 함께 협력해온 사람은 언제 협력을 그만두어야 할지 안다.

두 개의 바이올린과 비올라, 첼로로 구성된 현악사중주에 리더가 필요할까? 현악사중주의 구성원들은 리더를 원하지 않는다. 종종 결혼에 비유되곤 하는 창조적인 관계에서 리더의 등장은 나쁜 징조다. 현악사중주의 목표는 화음이지 쇼맨십이 아니다. 현악사중주에서 가장 중요한건 균형이다. 그룹의 지지 속에서 화음을 이루며 연주하는 것이다. 자아를 억제하는 것이다. 그리고 가족을 멀리 떠나 이름 모를 곳으로 함께 길을 떠나는 것이다. 그렇게 우리는 아주 오래 여행을 떠난다. 도전은 늘 두렵기 마련이다.

이는 살면서 수없이 마주하게 되는 장애물이다. 최근까지도 현악사중주는 적절한 비즈니스 모델이 부족하다. 지휘자? 꼭 필요할까? 콘서트 홍보 전문가? 뭐 그렇게까지. 조직적인 관리와 지원? 누가 그걸 하겠어? 그 결과 남는 것은 쇼 비즈니스 사업의 뻔하고 뻔한 지루한 볼거리뿐이고, 공연장을 찾는 이는 음악가들 외에 없다.

왜 그럴까? 20세기 중반까지만 하더라도 사람들은 현악사중주를 진지한 직업 활동으로 여기지 않았다. 재능 있는 음악가들은 오케스트라에 속하거나 아니면 솔로로 활동한다는 인식이 팽배했기 때문이다. 실내악은 협주곡에 비해 한 수 아래로 여겨졌다. 심지어 어떤 사람들은 집에서 혼자 즐기는 사적인 오락 정도로 취급했다.

그러나 1964년, 과르네리 현악사중주단은 다르게 생각했다. 그들은 구성원 간의 친밀하고 창조적인 관계와 삭막한 비즈니스 환경이 공존 불가능한 것이라 보지 않았다. 아널드 스타인하르트와 마이클 트리, 데이비드 소이어(소이어는 2001년 은퇴하고 2010년에 사망했다. 그 자리는 피터 윌리가 채웠다)는 우연히 의기투합했고, 2009년까지 함께 활동했다. 그들은 잊을 수 없는 공연을 해왔고 실내악 관객층의 폭을 넓혀 왔다. 그들 덕분에 지금은 여섯 개의 유명한 현악사중주단이 밤마다 전국 어디에선가 연주회를 할 수 있게 되었다.

무려 45년이다! 부부 두 쌍 가운데 한 쌍이 이혼하는 시대에 어떻게 이 네 명의 남자는 질리지도 않고 그 긴 시간을 함께 해올 수 있었을까?

마이클 트리는 이렇게 말한다.

"우리는 서로 존중해야만 했어요. 그건 말하자면, 각자를 위한 상호 존중이지요. 그리고 어떤 동일성도 가져야만 했어요. 음, 내 생각엔 취향의 동일성이 정확한 표현일 것 같아요. 우리는 거의 모든 면에서 의견을 같이 했어요. 연습 시간만 제외하고요. 바로 그럴 때 상호존중은 아주 중요한 역할을 했습니다."

아널드 스타인하르트는 이렇게 말한다.

"우리는 마치 네 명의 형제 같아요. 서로 거리낌 없이 이런 이야기들을 해요. '소리가 너무 커!' '그 부분의 인토네이션을 좀 손봐야겠는걸.' '너무 빨라. 원곡은 그렇지 않다고.' 이런 부분에 대해 아주 솔직하게 이야기해요. 굳이 서로 예의를 차리지 않아도 되는 진짜 가족처럼요."

있는 그대로의 솔직함. 그러나 결코 상대를 아프게 하지 않는. 상호 의존. 그러나 공적이고 경직되지는 않은. 그런 가치를 공유하면서 구성원들은 불가피한 장애들을 이겨나갈 수 있었고, 실제로 많은 것을 이뤄냈다. 그리고 관객들의 사랑과 지지도 얻었다.

이토록 성공적인 협력이 중단된 이유는 무엇일까? 해체 과정에서도 갈등은 없었다. 해체에 대한 생각은 어느 날 밤 갑자기 튀어나왔다고 한다. 그리고 단 5분 만에 합의를 보았다. 5분이 너무 빠르다고 생각하는가? 그들은 45년을 함께 하며 서로의 마음과 정신, 영혼을 속속들이 알고 있었다.

KI신서 3301
여럿이 한 호흡

1판 1쇄 발행 | 2011년 4월 15일
1판 2쇄 발행 | 2011년 7월 20일

지은이 트와일라 타프 **옮긴이** 한세정
펴낸이 김영곤 **펴낸곳** (주)북이십일 21세기북스
출판콘텐츠사업부문장 정성진 **출판개발본부장** 김성수 **인문실용팀장** 심지혜
기획 · 편집 이주희 **해외기획** 김준수 조민정 **표지디자인** 박선향 **본문디자인** 박현정
마케팅영업본부장 최창규 **마케팅** 김보미 김현유 강서영 **영업** 이경희 박민형
출판등록 제10-1965호 **신고일자** 2000년 5월 6일
주소 (우 413-756) 경기도 파주시 교하읍 문발리 파주출판문화산업단지 518-3
대표전화 031-955-2100 **팩스** 031-955-2151 **이메일** book21@book21.co.kr
홈페이지 www.book21.com
21세기북스트위터 @21cbook **블로그** b.book21.com

ISBN 978-89-509-3057-8 03320
책값은 뒤표지에 있습니다.